성낙윤이 만든
우리 이불 우리 소품

모던보다 모던하고 클래식보다 클래식하다

책을 내며

시대가 변하면 살림살이도 변하는 것은 당연한 이치입니다. 그럼에도 우리의 침구(寢具) 문화와 생활 소품들은 우리 삶 속에 지금도 그 모습을 이어가고 있습니다. 오랜 시간 이부자리와 생활용품, 패션 소품들을 만들어 오면서 우리의 침구 문화가 가진 품격과 아름다움 그리고 실용적인 미덕에 새삼 감탄하기도 하고, 한편으로는 오늘날에도 그 생명력이 계속되기를 바라 왔습니다.

침구를 비롯해 생활 소품들에는 당대 사람들의 미의식과 실용 정신이 그대로 투영되어 있습니다. 그뿐인가요, 좋은 물건들은 시대를 가리지 않습니다. 지금도 여전히 우리 생활을 풍요롭게 해줍니다. 보다 품격 있는 삶, 풍요로운 삶은 온전히 새로운 것에서 시작하지 않습니다. 과거로부터 전승되어 온 소재와 품격은 살리되 변화된 시대에 맞는 디자인과 실용성을 겸비해 나갈 것을 권합니다. 무엇보다 우리 침선(針線) 문화는 만드는 이의 개성과 솜씨, 저마다의 살림살이 형편에 따라 색다른 멋을 만들어 내며 발전해왔습니다. 지금도 마찬가지입니다. 각자의 필요와 특별한 정성이 더해질 때 우리 시대 생활용품들의 합리적인 변신이 이어질 것입니다.

이 책은 우리 침구와 생활 소품이 지닌 탁월한 아름다움과 쓰임을 알리고, 보다 많은 사람들이 그 가치를 누릴 수 있도록 유용한 정보를 제공하고자 합니다. 처음 바느질을 시작하는 사람은 물론 오래도록 침선 생활을 즐겨 온 솜씨 좋은 이들 모두에게 보탬이 될 수 있도록 소재 선택과 배색(配色)의 방법, 용도별 만들기 지침 등 요긴한 정보들을 가려 뽑았습니다. 무엇보다 이를 통해 우리 침선 문화를 더욱 발전시켜 나갈 인재들이 나와 준다면 정말 좋겠습니다. 양서(良書)는 시대를 초월합니다. 두고두고 우리의 생활 양식을 발전시켜 나가는데 보탬이 되는 좋은 책이 되기를 바랍니다.

평생 동안 만들어 온 다양한 생활용품들이 이제 우리 침구와 생활 문화를 발전시켜 나가는데 좋은 거름으로 거듭나기를 간절히 소망합니다. 여기 오래도록 우리의 생활용품들을 만들면서 속속들이 살피고 배우며, 이 시대가 요구하는 실용성과 미감을 보태서 만든 물건들의 이야기를 풀어놓습니다. 부디, 이 물건들 하나하나마다 우리 삶터에 곱고 아름다운 옷을 입혀줄 참 좋은 물건이 되어 주기를 바랍니다.

2014년 4월

성낙윤

*이 책은 변화하는 시대에 맞추어 우리의 색, 소재, 용도를 재조명해서 제작한 작품들을 수록한 것으로, 최선을 다했지만 미비한 점도 적지 않음을 밝힙니다. 부디 너그러운 이해바랍니다. 특히 재단 그림을 그려 넣고 만들기를 설명하는 과정은 실기(實技)를 제한된 글로 표현한다는 점에서 여러 번의 수정 과정과 시행착오를 거쳐야 했습니다. 때문에 익숙한 세간의 기술 방법보다는 실기 위주의 실용 정보들로 구성했음을 밝힙니다. 더불어 실제 재단 치수와 완성 치수 등은 만드는 이의 솜씨와 숙련도에 따라 다소의 차이가 날 수 있습니다. 또한 장식 등의 마무리 작업을 포함해 소재의 선택과 배색 역시 개인의 선택에 따라 자유롭게 재구성해 작업할 수 있음을 알립니다.

성낙윤의
우리 색과 소재, 꾸밈과 쓰임 이야기

모본단 손수 바늘방석

생고사 술과 구슬 달린 이브닝 백

아기싸개와 장식용 베개

여러 가지 장식들

우리 요와 이불은 잠자리에서의 쓰임 그 이상의 의미를 가지고 있습니다. 단순히 잠자리만을 위한 용도에 머문다면야 그저 생활용품에 그칠 터이지만, 사람이 잠에서 깨어나는 순간 함께 깨어나 단정히 개어지며 또 다른 몫의 용도로 거듭납니다. 방 한쪽에 얌전히 개둔 이부자리에는 집주인의 안목과 안주인의 살림 솜씨가 그대로 드러나게 마련입니다. 훌륭한 실내장식 효과를 가지는 것이지요. 요즘도 그와 같은 용도는 여전히 존재하고 있습니다.

그뿐인가요. 요와 이불과 베개를 비롯해 보료와 방석에 이르기까지 침구류는 오래도록 그 모습 그대로를 유지하고 있습니다. 때문에 침구를 비롯해 크고 작은 규방 소품에는 당대 사람들의 실용 정신과 미의식이 그대로 반영되는 법이지요. 우리 생활 속에 흔하디 흔했던 소재들에서부터 가장 귀했던 소재에 이르기까지 모두 사용되고, 늘 마주치는 평범한 색에서부터 가장 화려한 색들까지 모두 사용되었습니다. 장식과 꾸밈 역시 그러합니다. 남겨진 자투리 천을 하나하나 이어 붙여 기대 이상의 아름다움을 만들어 내기도 했고, 여러 가지 소망과 의미가 담긴 문양과 모양들을 수놓고 만들어 달아 멋을 내기도 했으니까요. 물론 이러한 것들의 중심에는 우리 선조들의 빼어난 솜씨가 있음은 더 말할 나위가 없겠지요.

성낙윤의
색(色)
이야기

우리 전통 색을 이야기하면 흔히 오방정색(伍方正色)이 언급됩니다. 청(靑), 적(赤), 황(黃), 백(白), 흑(黑)의 다섯 가지 색으로, 음양오행설에서 풀어낸 순수하고 섞임이 없는 기본색을 말합니다. 자연에서 나오고 자연과 조화를 이루는 색으로 청은 동방, 적은 남방, 황은 중앙, 백은 서방, 흑은 북방의 다섯 가지 방위를 의미합니다. 여기에 색마다 각각에 해당하는 계절, 수호신, 자연의 상징도 가지고 있습니다. 때문에 예로부터 동서남북과 중앙의 하늘과 땅에서 액을 막아준다 하여 곳곳에 오방색을 사용했습니다. 또, 청과 황의 간색(間色)에는 녹(綠), 청과 백의 간색에는 벽(碧), 적과 백의 간색에는 홍(紅), 흑과 적의 간색에는 자(紫), 흑과 황의 간색에는 유황(硫黃)이 있어 이를 오간색(伍間色)으로 부르며 역시 즐겨 사용했습니다.

이처럼 색을 사용하는 일은 색 하나하나마다 색이 가진 의미를 살려 생활 공간 혹은 생활용품마다 그 성질에 맞게 사용하는 일이었습니다. 색은 곧 옛 사람들이 품었던 소망의 상징이었던 셈이지요. 방위에 따라 색의 조화를 이루도록 한 사찰과 궁궐의 단청, 악귀의 장난으로부터 신부를 보호하기 위한 혼인날의 연지곤지, 나쁜 기운을 막고 어린아이의 장수를 기원하는 색동저고리, 음식의 기운을 조화롭게 만들기 위한 오색 고명 등이 모두 이런 예입니다.

우리 침구와 규방 공예품들 역시 전통적인 색의 사용법을 따르고 있습니다. 예로부터 남자 이부자리의 몸판은 감색(紺色)과 흑색을 주로 하고 깃에는 자주색과 적색을 사용했습니다. 여성 이부자리의 몸판에는 초록색을 주로 하고, 깃은 적색과 분홍색 등의 선명한 색을 사용했습니다. 식물의 푸른색을 나타내는 청색 계열로 왕성한 생명력과 자손 번창에 대한 의지를 담고, 밝고 환한 홍색으로 부정한 기운을 내치고 새로운 기운을 북돋기 위한 마음이 담긴 것이지요. 이 외에도 일반적으로 이불깃에는 홍색과 남색, 자주와 연두, 연두와 홍색 등의 배색을, 혼수용 요에는 청색과 홍색, 색동을 사용했습니다.

이처럼 우리의 전통 이부자리에는 의미 있는 색을 사용해 잠자리에 왕성한 생명력과 기운을 불어넣고 활기찬 새날을 맞이하기 바랐던 간절한 마음이 담겨 있습니다. 단순히 보기 좋은 배색과 실용성만을 갖춘 것이 아니라 그 안에 그처럼 절실한 소망을 담아냈으니 이불 한 채 짓는 일은 그야말로 마음과 손이 모두 함께했던 작업이라고 할 수 있습니다.

색 하나하나마다 담긴 간절한 염원과 정성은 오늘날에도 여전합니다. 이것은 분명 지키고 이어가야 할 미덕입니다. 오늘날 양식 이부자리로는 흉내 낼 수 없는 지극한 정성과 특별한 아름다움이 우리 한식(韓式) 이불에는 있습니다. 그 특별함이 가장 잘 드러나는 부분이 바로 색입니다. 선인들의 정성스러운 마음가짐은 그대로 담되 그 미감은 오늘에 맞게 변화시켜 나가야 합니다. 그 동안 무수한 색들을 사용해오면서, 오늘날 한식 이부자리와 생활용품들에 어울리는 귀한 색들을 만났습니다.

이 중에서도 황금색, 자주색, 연두색, 촌분홍색, 검정색, 벽돌색은 오늘날 이부자리를 비롯해 생활용품과 패션 소품, 모두에 요긴하게 쓰이고 썩 잘 어울려 한층 발전된 아름다움을 탄생시키는 색들입니다.

황금색은 예로부터 황제를 상징하는 귀한 색입니다. 해서 일반에는 사용이 금지되었습니다. 이 황금색은 밝은 노란색도 아니고 또 진한 치자색과도 다릅니다. 차분하게 가라앉은 노란빛이 그 어느 색과도 훌륭한 배색을 이루는 것이 바로 황금색입니다. 특히, 자주색, 검정색과는 맞춤한 듯 조화롭습니다. 또 촌분홍색, 벽돌색도 황금색과 함께라면 어색함 없이 어울려 개성 있는 연출을 할 수 있습니다.

자주색은 귀족을 상징하는 색입니다. 붉은색이 강한 대추자주, 검은색이 강한 먹자주(진자주), 보랏빛이 살짝 도는 보라자주(목단자주)는 그 자체로도 아름답지만 특히 어떤 색과 배색하느냐에 따라 완성품에 전혀 다른 개성을 연출합니다. 이처럼 자주색은 다양한 배색 효과를 연출하는데 최고의 선택이 될 수 있습니다.

연두색은 명도에 따라 여러 가지 분위기를 연출합니다. 막 돋아난 새순의 연한 연둣빛, 한창 물이 오른 싱싱한 줄기의 푸른 연둣빛, 그리고 한여름 짙푸른 녹음으로 만나는 진한 연둣빛은 각각의 색이 모두 다릅니다. 그러나 모든 연두색은 희망의 색이며 겨우내 움츠렸던 어깨를 펴게 만드는 활기

찬 생명의 색입니다. 이 연두색에는 검정색, 자주색, 빨간색, 남색과의 배색을 권합니다.

촌분홍색은 특히 오래도록 꾸준히 사용하고 아껴온 색입니다. 주변에서 흔히 볼 수 있는 평범한 분홍색도 아니고 진한 꽃분홍색도 아닙니다. 촌스러운 듯 그러나 가슴을 파고드는 강렬한 분홍빛이 바로 촌분홍색입니다. 이 촌분홍색의 가치는 검정색과 함께했을 때 비로소 더해집니다. 촌분홍색만을 따로 사용하기보다는 검정색과 어울려 사용했을 때 유독 매력 넘치는 여인처럼 생기가 돌고 오래도록 눈길을 붙잡는 것이 바로 촌분홍색입니다. 그래서 한식으로 만드는 이부자리와 방석, 비단으로 만든 고전적인 목도리와 숄 등에 촌분홍색은 마지막 화룡점정이 되어 주곤 합니다.

검정색 또한 아주 매력적인 배색을 자랑합니다. 그 자체로는 우울하고 어두운 색상이라 선뜻 사용하기가 꺼려지는 색입니다. 하지만, 촌분홍색, 연두색, 비취색, 벽돌색과 함께 배색했을 때는 전혀 새로운 생기를 띠는 것이 바로 검정색입니다. 옆의 색을 돋보이게 하는 데는 검정색만한 선택도 없을 것입니다.

벽돌색은 흔히 말하는 붉은빛의 주홍색도 아니요, 대추자주색도 아닙니다. 주변에서 흔하게 볼 수 있는 벽돌의 색과 같아서 벽돌색이라 부르며 즐겨 사용하는 색입니다. 벽돌색 역시 곁에 연두색, 초록색, 검정색을 곁들였을 때 더없이 품격 있는 색으로 거듭납니다. 일반적으로 쉽게 선택하기 힘든 배색이지만 한 번 시도해보면 꽤나 요긴한 색으로 자리잡을 것입니다.

모본단으로 만든 생활용품

성낙윤의
비단(緋緞)
이야기

우리 이부자리와 생활용품들은 계절과 용도에 따라 소재를 달리합니다. 봄, 가을에는 자미사, 숙고사, 갑사, 준수사 등 발이 곱고 얇은 명주 소재를 사용합니다. 여름 옷감은 모시, 생모시, 삼베, 안동포, 생고사 등입니다. 겨울에는 공단, 양단, 모본단 등 톡톡하고 광택이 나는 비단을 주로 사용하고, 명주, 뉴똥 등도 사용합니다. 그러나 이제 이러한 구분은 그리 큰 의미가 없습니다. 옷감들을 일일이 구별하는 일도 쉽지 않을뿐더러 생활이 편리해지면서 이처럼 다양한 원단을 사용하는 일도 드물기 때문입니다. 하지만 자연 소재를 이용해 간단한 생활용품이나 이부자리를 만들어볼 요량이라면 계절별로 대표적인 원단의 성질을 알아 두면 도움이 됩니다.

천연섬유 중 삼베와 모시는 각각 삼과 모시풀의 인피섬유를 이용해 만든 여름용 옷감입니다. 깔깔하고 시원한 촉감과 탁월한 통기성 때문에 여름철에 그만입니다. 삼베와 모시를 이용해 삼베 이불, 보료, 방석 등을 만들어 사용하면 좋습니다. 또 식탁용 러너와 매트, 한여름 모시 발을 만든다면 서늘한 시각적 효과에 더해 손에 닿는 시원한 촉감까지 누릴 수 있어 일석이조입니다. 목화솜으로 짠 면직물은 무명, 광목, 옥양목, 목공단 등으로 불리며 널리 사용됩니다. 자주 갈아주어야 하는 아기 요나 이불을 만들 때 이불잇이나 홑청, 옷잇 등에 아주 유용하게 사용됩니다. 흔히 비단으로 불리는 견직물은 누에고치에서 뽑은 실로 짠 직물을 말합니다. 정련 상태와 짜는 방식에 따라 자미사, 숙고사, 갑사, 공단, 양단, 모본단, 명주 등으로 불리고, 계절 따라 그 사용도 달리합니다.

비단 중에서도 모본단은 활용도가 큽니다. 짜임이 곱고 윤기가 흐르며 아름다운 무늬가 새겨져 화려한 멋이 으뜸인 모본단은 적당한 두께감에서 오는 풍부한 질감과 우아한 광택으로 인해 최상의 아름다움과 실용성을 지닌 귀하고도 이로운 옷감입니다. 생활 속에서 느끼는 모본단의 장점은 무엇보다 온몸을 휘감는 부드러운 촉감과 가벼운 착용감, 따뜻하고 보온성이 좋아 활용도 높은 재질감, 서구화된 공간과 대조를 이루는 강렬한 시각적 자극입니다. 특히 모본단의 특성상 포근하고 가벼워서 사계절 집안의 물건들을 만들고 감각적인 패션 소품을 만드는데 아주 훌륭한 소재입니다. 또한 모본단의 문양은 부귀영화를 상징하는 모란꽃이 주를 이뤄 집안 꾸밈에 썩 잘 어울립니다. 이처럼 지극히 한국적인 소재이면서 또한 가장 전통적인 소재인 모본단은 침구는 물론 쿠션과 방석, 커튼을 비롯해 집안 곳곳을 꾸미는데 실용성과 이색적인 아름다움이라는 안팎의 요소를 모두 만족시켜 줍니다. 여기에 고급스러운 색감과 뛰어난 배색 효과는 모본단이 가진 또 다른 매력입니다. 때문에 집안 꾸밈은 물론 화려한 숄과 이브닝 백에도 안성맞춤입니다.

예로부터 모본단은 궁중을 비롯해 사대부가에서나 사용할 수 있었던 귀한 원단이었습니다. 이러한 귀족적 이미지 덕분에 특별히 우아하게 꾸며주거나 화려한 장식이 필요할 때 모본단만큼 유용한 소재도 드뭅니다. 무엇보다 천편일률적인 소재와 디자인 일색인 요즘, 우아한 광택과 화려한 색감으로 전통미를 마음껏 발산하는 모본단은 동서양을 아우르고 과거와 현재가 함께하는 최고의 소재가 되어 줄 것입니다.

명주 역시 침구와 생활용품을 만드는데 아주 요긴합니다. 모본단보다 가벼운 질감과 부드러운 색감을 가지고 있어 봄, 가을 이부자리나 소품에 더 유용합니다. 모본단으로 만든 두툼한 솜이불이 고급스러움과 풍성함으로 전통미가 강하다면, 숙고사, 자미사로 지은 가벼운 차렵이불은 모본단 이불과는 다른 멋을 연출하는데 제격입니다. 또한 숙고사와 자미사는 목숨 수(壽) 자와 쌍희(囍) 자 등 문자 문양이 주를 이룹니다. 이처럼 숙고사와 자미사는 상서로운 문자 문양, 가라앉은 색의 배합과 스치듯 가벼운 촉감만으로도 모던하면서도 격조 넘치는 침구 문화를 완성하는데 꼭 필요한 소재입니다.

5색 줄무늬 무릎덮개

성낙윤의
한식(韓式) 꾸밈과
쓰임 이야기

입식 생활이 정착되고 대부분의 주거 양식이 아파트 생활인 요즘, 안방 문화는 거실 문화로 바뀐 지 오래고, 집안 꾸밈을 대표하던 한여름의 발과 겨울철의 방장 치장은 모두 커튼으로 바뀌었습니다. 보료와 방석이 의자와 소파의 정착에 따라 제 역할을 다하지 못하게 된 대신 쿠션이 그 자리를 채워 기능과 장식을 더하고 있습니다. 밥상과 소반이 없어지니 정성스런 조각 밥상보도 더는 보기 힘들어졌습니다.

그러나 우리들의 기억 속에서도 이 모든 것들이 지워진 것은 아닙니다. 형식은 바뀌어도 옛날 우리의 안방과 사랑에 놓였던 보료와 방석의 정겨움, 정성을 다한 발 장식과 방장의 멋스러움에 대한 기억은 여전합니다.

일반 이불에서 크기를 확 줄인 무릎덮개는 다양한 공간에서 활동하는 현대인들에게 꼭 필요한 보온 용품의 역할을 해줍니다. 또한 한여름에도 실내의 에어컨 바람이 너무 춥게 느껴질 때는 가벼운 이동식 덮개의 필요성이 커집니다. 이처럼 예전에는 굳이 필요 없었으나 지금은 요긴해진 물건이 바로 무릎덮개입니다. 처음 무릎덮개를 만들며 서양의 랩(wrap)도 아니요 일본식 보온 주머니인 유단포 덮개도 아닌 우리식 보온용 이불을 만들기 위해 고민했습니다. 그 결과물이 우리 소재로 만들고 우리 이름을 붙인 새로운 형식의 이동식 이불인 무릎덮개입니다. 과거의 소재에 현재의 필요를 더해 새롭게 만들어낸 작은 물건 하나만으로도 오늘 우리 삶은 더욱 풍요로워질 수 있습니다.

두꺼운 요와 이불 대신 침대 위에 어울리는 크기와 가벼운 소재로 재탄생한 한식 이불, 계절에 따라 시원한 삼베 소재로 바꿔 입고 날렵하게 크기를 조정한 보료, 방석을 대신해 비단과 전통 장식으로 화려하게 치장한 쿠션 등은 모두 이와 같은 필요와 과정을 거쳐 새롭게 거듭난 생활용품들입니다. 과거를 모두 버리지 않고 다만 새로운 시대의 필요를 더한 것, 굳이 말하자면 우리의 전통 옷감과 기능에 현대적인 디자인과 실용성을 더했다고 할 수 있겠지요. 서구식 소파 위에 올라앉은 우리 소재와 문양과 배색의 쿠션은 그야말로 훌륭한 믹스 앤 매치의 전형이라고 할 수 있습니다.

침대 생활이 보편화된 요즘 요는 점차 우리 생활에서 멀어져 가고 있습니다. 이불 역시 일일이 손으로 꿰매고 다시 뜯어내서 세탁하고 덧씌워야 하는 번거로움을 없애고, 지퍼와 단추를 달고 홑청 부분을 현대화해 생활의 편리를 꾀하고 있습니다. 이처럼 소재를 단순화하고 지퍼와 단추를 달고, 홑청을 간소화하는 등 관리하기 편한 방법을 찾아 매일매일 발전해가는 것이 요즘 이부자리 만들기의 변화된 모습입니다.

아기 이불은 태어나는 아기를 위한 첫 번째 선물입니다. 시중에 나와 있는 것을 사용할 수도 있지만, 엄마와 할머니, 사랑하는 지인들이 손수 만들어 나누는 것만 할까요. 때문에 작은 아기용 이불 하나 정도는 만들어볼 수 있도록 귀여운 단추 홑청 이불을 개발한 지 오래입니다. 가장 좋은 옷감에 마음을 다한 정성스러운 손길로 내 아기에게 줄 고운 이불 한 채 만들어 보기를 권합니다.

일상 생활을 안락하고 행복하게 만들어 주는 작은 무릎덮개, 화려한 모임에서 더욱 눈에 띄는 이브닝 백과 숄, 자투리 천을 모아 만든 나만의 조각 주머니, 아기를 위해 손수 만든 멋스럽고 귀한 한식 이불, 안방의 격을 높여 줄 모던한 보료와 방석, 모두 옛것에 현대의 필요를 더해 거듭난 참 좋은 물건들입니다. 사람들마다 자신들의 라이프 스타일에 따른 생활용품들이 꼭 필요하게 마련입니다. 하지만 문제는 시중에 복제품처럼 쌓인 무수한 기성품만으로는 해결할 수 없는 갈증이 있게 마련이지요. 풍요로운 삶터, 격조 있는 삶을 위해 과거로부터 소재와 정신을 빌어 오늘날에 맞게 탄생시킨 좋은 물건들은 오늘날 우리의 생활을 한결 풍요롭게 해줍니다.

술 장식 손수 장식품

성낙윤의 전통문화(傳統文化) 이야기

오늘날 우리 침선 문화에 있어서 원단, 문양, 장식 부분은 큰 변화가 없습니다. 원단은 앞서 기술한 바처럼 오늘날에도 여전히 계절과 용도에 따라 필요한 성질의 원단을 사용하는 과거의 방식 그대로입니다. 문양 부분도 같습니다. 예로 길상(吉祥)을 상징하는 꽃무늬는 여전히 그 기능을 그대로 가지고 있습니다. 모란꽃은 부귀영화를 상징하고, 매화와 난초는 선비의 곧은 정신을 상징합니다. 문자 무늬도 예외가 아닙니다. 수(壽), 복(福), 쌍희(囍) 자는 모두 장수와 복을 기원합니다. 손수는 문양과 마찬가지로 물건의 용도와 쓰임에 맞게 의미 있는 모양을 수놓은 경우가 많습니다. 장식 달기의 경우는 의미보다는 디자인적 요소가 강합니다. 물건이 완성되면 가장 마지막에 장식을 달아 작품의 격을 올려주는 것이 바로 장식 달기입니다. 때문에 잣 모양 장식 하나, 국화 모양 장식 하나를 만드는 것도 원단에 일일이 손으로 그려 모양대로 자르고 꼼꼼하게 접고 다듬어야 하는 수고로움이 따릅니다.

침구 중 베개는 전통 장식이 가장 많이 남아 있습니다. 양쪽 배갯모에는 십장생 문양이나 길상문을 수놓아 한껏 멋을 냈습니다. 갓난아기의 베개, 신혼부부의 베개, 노인을 위한 베개가 따로 있어 그 모양과 문양도 달랐습니다. 갓난아기의 것은 무게를 유지하고 밀려나가지 않도록 속에 조를 넣어 만들고, 신혼부부의 베개는 구봉침(九鳳枕)이라 하여 베갯모에 7마리 새끼를 거느린 봉황 한 쌍과 함께 십장생 문양과 완자문을 수놓았습니다. 여기에 신혼부부가 같이 벨 수 있도록 80cm 정도의 긴 길이로 만들었으니 그

또한 정겹습니다. 노인들을 위한 불로침(不老沈)은 베개통의 사방과 양쪽 베갯모의 중앙에 6개의 구멍을 뚫어 주어 바람이 잘 통해서 머리가 시원하도록 바느질했습니다. 이 정도면 가히 작품에 가깝습니다. 이러한 정성과 장식성 때문에 한식 베개는 본연의 기능 외에도 장식적인 기능으로도 한 몫합니다. 잘 개놓은 이부자리 위에 혹은 집안 한쪽 적당한 곳에 자리잡고 앉은 잘 생긴 베개는 그 자체만으로도 훌륭한 작품이 되기에 충분합니다. 요즘은 다양한 소재로 그 속이 대체되고 있지만, 전통 베개는 예로부터 좁쌀과 메밀껍질 등을 넣어 머리를 시원하게 했습니다. 이는 머리는 시원하게 두고 두 발은 따뜻하게 해 건강을 유지하려는 오랜 지혜가 담겨 있으니, 오늘날에도 그대로 따라도 좋겠습니다.

화려한 꽃수와 정성스러운 손맛이 밴 장식 달기는 작품의 개성과 완성도를 결정짓는 요소입니다. 버려진 자투리 천을 이용해 온갖 색상으로 만든 잣 장식, 앙증맞고 단정한 국화 장식, 풍성한 비단실을 엮어 만든 술 장식, 전통 당의 장식 등은 다른 어느 나라의 침선 문화에서도 만나 볼 수 없는 알뜰함과 섬세한 아름다움이 깃들어 있습니다. 자칫 단조로워 보이거나 혹은 너무 소박해 보이는 물건들에 적절한 장식을 달아주는 것만으로도 얼마든지 화려하고 색다른 멋을 더할 수 있습니다.

이처럼 우리 생활용품과 침선 문화는 일정한 틀 안에 갇힌 딱딱하고 융통성 없는 그 무엇이 아닙니다. 만드는 이의 개성과 솜씨, 그리고 저마다 살림살이의 형편에 따라 무궁무진하게 변화하며 색다른 멋을 만들어낼 수 있는 것이 바로 우리 침선 문화의 매력이지요. 그 안에서 우리의 이부자리와 생활용품들 역시 자유롭게 발전을 거듭할 수 있었으며, 앞으로도 그러할 것입니다.

한식 이불과 생활용품을 만드는 일은 한편으로는 전통을 잇는 일이기도 합니다. 그러나 전통만을 그대로 반복하는 일은 더 이상 의미가 없습니다. 무료한 답습은 고되고 지루할 뿐입니다. 오래도록 전승되어온 전통 소재와 격조는 살리되 변화된 시대에 맞는 디자인과 실용성을 겸비해 나갈 때 우리 침선 문화의 생명력도 그대로 유지될 수 있을 것입니다.

원단, 재단과 바느질, 장식의 기본 알기

"계절과 쓰임 따라 모양도 성질도 다르다"

⊙ 원단 준비하기

첫째, 용도, 무엇을 만들 것인가를 고려한다.

둘째, 소재, 어느 계절 어느 장소에 사용할 것인가를 고려한다.

셋째, 크기, 누가 어떻게 사용할 것인가를 고려한다.

넷째, 디자인, 색채의 조화와 겉감과 안감의 배색 등을 고려한다.

⊙ 원단의 종류

원단은 크게 면직물, 마직물, 견직물로 나뉜다.

면직물은 목화에서 얻은 실로 제작한 것, 우리 재래식 베틀에서 제작한 무명을 비롯해

광목, 옥양목, 목공단이 있다. 마직물은 삼이나 모시풀의 줄기를 벗겨 이를 실로 만든 직물로 삼베,

안동포, 모시가 있다. 견직물은 누에고치에서 풀어낸 실로 짠 것, 정련 과정과 짜는 방식에 따라

주, 사, 라, 단 등으로 불린다.

면직물

면화를 수확해 공정을 거쳐 만든다. 땀과 수분의 흡수율이 높고 원단이 가벼우며 촉감도 훌륭하다. 세탁에 강하고 견고한 위생적 직물이라 계절 구분 없이 의복을 비롯해 침구와 생활용품의 소재로 가장 많이 쓰인다. 재래식 베틀로 제작된 무명, 자동 직기로 제작된 광목, 무명실로 넓고 곱게 짠 옥양목, 광택이 있고 촉감이 부드러운 목공단 등이 있다.

삼베

삼의 껍질 인피 섬유를 이용해 만든 삼 실로 짠 천. 수분의 흡수와 배출이 빠르고, 자외선을 차단하고 곰팡이를 억제해 항균성과 항독성이 뛰어나다. 견고하고 마찰에 대한 내구성도 뛰어나 오래 사용할 수 있다. 통풍성이 뛰어나고 건조도 빨라 여름철 옷감과 침구용으로도 유용하다.

안동포

경북 안동 지방에서 생산되는 베. 올이 아주 가늘며 곱다. 또 바탕은 단단하며, 빛깔은 누렇다. 삼베 중에서도 가장 부드럽고 고운 성질을 지녔으며, 조선 시대 궁중 진상품으로 삼베 가운데 최상의 품질을 자랑한다. 모시와 함께 대표적인 여름용 옷감. 남성용 고의나 적삼에도 훌륭한 소재다.

모시

모시풀의 인피 섬유로 제직한 직물. 소박하고 단아하며 섬세한 특성을 지녔다. 백색에 광택이 화려하며 습기에 강하고 견고해 여름철 옷감으로 많이 사용되며, 모시 발 등 생활용품의 소재로도 유용하다. 같은 여름용 옷감인 삼베보다 올이 가늘고 더 촘촘하게 짜여졌으며, 섬세하게 내비치는 곱고 세련된 질감으로 고급 의류와 생활용품에 더 적당하다.

명주

견사를 사용해 짠 직물. 원단 표면의 보호막인 세리신 등 불순물을 제거하는 정련 과정을 거치면 우아한 광택, 부드럽고 풍성한 촉감, 특유의 비단소리를 갖추게 된다. 세리신을 제거한 명주는 부드럽고 따뜻해 겨울용 소재로, 세리신을 덜 제거한 명주는 촉감이 까칠하고 시원해 여름용 소재로 적당하다.

숙고사, 자미사, 갑사

숙고사는 명주를 한 번 삶아 가공한 옷감. 질감이 부드럽고 섬세하며, 갖가지 색과 문양으로 얇고 가볍게 직조되어 봄, 가을 옷감으로 애용된다. 자미사도 부드러운 질감과 은은한 광택의 봄, 가을용 옷감이다. 갑사 역시 얇고 곱게 짠 품질 좋은 비단, 화려한 색과 문양으로 특히 한복감으로 인기 있다.

단

광택이 풍부하고 매끈하며 부드러운 질감을 지닌 고급 비단. 씨실과 날실의 교차점을 일정하게 배치해 씨실이나 날실 중 한 곳이 노출되도록 한 이중직 견직물로 톡톡하고 광택이 난다. 무늬가 없이 짜인 단은 공단, 무늬가 있는 단은 모본단, 양단으로 부른다. 의류를 비롯해 보료와 이불 등의 침구, 실내 장식품과 생활용품에 두루 쓰인다.

⊙ **계절별 원단 선택**

봄, 가을용 – 숙고사, 자미사, 황나, 준주사, 면직물
여름용 – 생고사, 삼베, 안동포, 모시, 인조
겨울용 – 공단, 모본단, 양단, 명주, 수직, 뉴똥
기타 – 목공단, 옥양목, 광목, 소창, 아사

⊙ 원단별 기본 단위와 크기 ▶ 1마

면, 명주, 숙고사, 합섬 : 1폭 112(44")×90cm

모본단, 양단, 생고사 : 1폭 56(22")×90cm

모시, 삼베, 손명주 : 1폭 35cm(15")×50cm(1자)

수직 : 폭 150cm(50")×90cm

* 마 : 원단의 길이를 나타내는 단위

⊙ 원단의 부분별 명칭

식서

원단의 좌우 양쪽 가장자리 부분을 가리킨다. 올 풀림이 없으며 제조사명이 프린트 되어 있다. 또, 원단과 색상이 다르거나 작은 구멍이 나 있기도 하다. 재단할 때는 식서를 제외하고 치수를 자른다. 식서 방향에 맞추어 재단해야 변형이 적다.

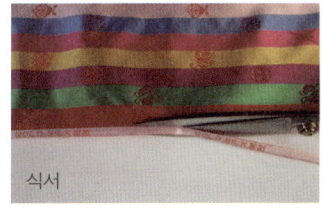

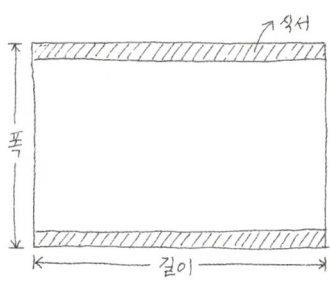

올 방향

원단은 씨실과 날실이 교차해 짜여 진다. 날실 방향은 세로 올 방향(식서 방향), 씨실 방향은 가로 올 방향으로 세로 올 방향에 비해 원단이 잘 늘어난다. 보통 세로 올 방향인 식서 방향에 맞추어 재단해야 물건을 다 만들어 놓은 후에 변형이 적다.

원단폭

원단의 식서에서 식서까지의 길이를 말한다.
원단의 종류에 따라 원단 폭 35cm, 56cm, 90cm, 112cm,, 150cm 등으로 다양하다.

이불속과 베갯속 관리

이불속

이불속으로 쓰이는 목화솜, 명주솜 등의 천연 솜은 온도와 습도 조절 능력이 뛰어나 사람 몸에 좋다. 하지만 관리와 보관에 신경 써야 오래도록 쾌적하게 사용할 수 있다. 화학솜은 천연 솜에 비해 가격이 저렴하고 관리가 편한 대신 보온성이나 습도 조절 능력은 떨어진다.

목화솜

목화에서 씨를 빼고 얻은 솜이다. 요, 보료, 방석의 솜으로 적당하다. 목화솜은 온도와 습도 조절 능력이 뛰어나고 항균성과 방취성도 좋다. 단, 습기에 약하기 때문에 정기적으로 햇볕에 말려 주어야 한다. 관리 방법은 볕이 좋은 날 오전 10시에서 오후 3시 사이에 2~3시간 정도 앞뒤를 고루 햇볕에 말려 일광 소독해 준다. 이렇게 햇볕을 쬐어 준 후에는 바람이 잘 통하는 곳에서 잣대 등으로 두드려 먼지를 털어준다. 단, 이때 너무 세게 털어주면 솜의 섬유가 잘게 찢어질 수 있으므로 주의해야 한다. 목화솜은 2~3년에 한 번 솜을 틀어 주고 필요할 경우 새 솜을 보충해 주면 새것처럼 사용할 수 있다.

명주솜

누에고치에서 뽑은 실을 압축하여 만든 솜. 윤기가 돌고 크림색이다. 가볍고 몸을 푹 감싸안는 촉감이 좋고 흡습성과 보온성이 뛰어나다. 물빨래는 하지 않고, 필요하면 드라이클리닝을 이용한다. 평상시 주기적으로 햇볕을 쬐어 주고 바람이 잘 통하는 곳에 널어 통풍시켜준다. 장마에 장롱 속에 오래 보관하면 눅눅해지고 습기가 생겨 이불 원단에 얼룩이 생길 수 있다. 겨우내 잘 덮은 이불은 이불 커버를 벗겨 세탁한 후 보관한다. 2~3년에 한 번씩 솜을 틀어 주면 오래도록 사용할 수 있다.

화학솜

하이론솜, 항균솜 등 다양한 종류가 있다. 천연 솜보다는 자체적인 흡습성과 보온성이 떨어지지만 대신 무게가 가볍고 가격이 저렴해 이부자리는 물론 의류와 기타 생활용품에 두루 유용하고 관리도 간편하다. 평균 수명은 2~3년 정도, 솜이 뭉치거나 얼룩이 남아 있으면 교체해 준다.

베갯속

오리털, 마이크로 화이바, 라텍스, 메모리폼에 이르기까지 다양한 소재의 베갯속이 쓰이고 있다. 소재에 따라 베갯속 관리법도 천차만별이지만 가장 기본적인 관리 방법은 습하지 않도록 해주는 것. 베갯속은 정기적으로 햇볕에 말려 주고 통풍해 주는 것이 중요하며, 베개의 속싸개와 베갯잇도 자주 갈아 주고 햇볕에 건조시켜 주면 좋다.

좁쌀

좁쌀의 찬 성질은 간난아이의 태열을 식혀 주고 숙면에 도움을 준다고 하여 아기 베갯속에 좋은 소재다. 생 곡물을 사용했기 때문에 일 주일에 2~3회 이상 수시로 햇볕에 말려 주고 통풍해 주는 일광 소독이 필요하다. 이때 앞과 뒤를 번갈아가며 잘 말려주는 것이 좋다. 아기들은 땀을 많이 흘리므로 베갯속은 2~3개 여유 있게 준비해 자주 세탁해 갈아 주면 쾌적하게 사용할 수 있다.

메밀껍질

메밀껍질을 건조해 사용한 베갯속은 중량감이 있고 딱딱한 소재다. 통기성이 뛰어나 열을 배출하고, 땀과 수분 흡수에도 좋다. 단, 오래 사용하면 메밀껍질이 부서져 가루가 나올 수 있으므로 베갯속싸개도 두 겹으로 해 준다. 천연 소재이므로 습한 곳에 보관하지 말고, 수시로 햇볕에 말려 주고 바람을 쏘여 준다. 물세탁도 가능하다. 필요하면 한여름 볕 좋은 날을 택해 베개의 속통을 털어내 메밀껍집을 꺼내 준 후, 체에 받혀 깨끗이 빨아 널었다가 바짝 말려 다시 사용한다.

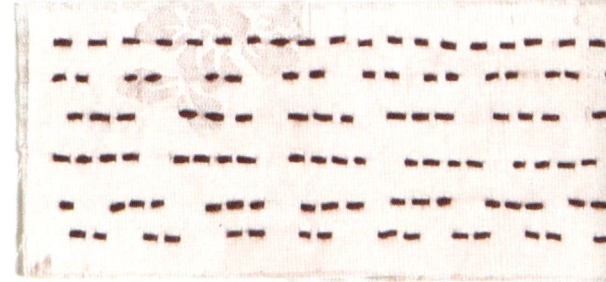

제작 방법

재단하기와 기본 바느질

"원단에 맞춰 준비하고 쓰임에 따라 만든다"

⊙ 재단하기

옷감을 필요한 모양과 치수에 맞추어 자르는 것, 마름질이라고도 한다.
만들기 과정의 첫 단계로 신축성, 결이나 무늬 등 원단의 재질을 고려해 재단한다.
원단을 효율적으로 사용하는 경제적인 재단 또한 염두에 둔다.

용어와 재단 크기
재단시 소재는 원단이라 한다.
원단의 겉 부분은 **앞면**이라고 하고, 뒷부분은 **뒷면**이라고 한다.
작품의 앞면(정면)은 **앞판**이라고 하고, 뒷부분은 **뒤판**이라고 한다.

모든 재단에는 시접을 넣어준다
모든 재단 치수는 시접을 포함한다.
예)재단 그림의 숫자는 시접 3cm(상하, 또는 좌우로 1.5cm씩)를 포함한다.
단, 이불과 요의 단추 홀청 등 겹으로 넣어 주는 시접은 제외.
단위는 센티미터(cm)이다.

재단 순서 *재단 치수에 식서 부분은 포함하지 않는다.

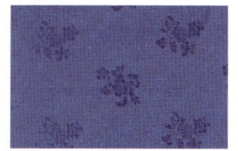 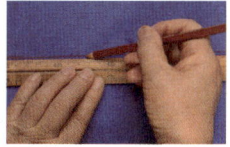  

1
원단의 앞면을 밑으로 하고, 뒷면을 위로 오게 한다. 원단은 뒤집어 테이블에 맞댄 상태다.

2
폭은 상에서 하로, 길이는 좌에서 우로 선을 그어 준 다음 그 선을 따라 자른다. 선을 그을 때는 기름기 없는 색연필을 사용한다.

3
모든 재단은 시접을 넣는다. 양쪽 시접 부분 1.5cm씩 더해서 총 3cm의 시접을 포함해 자른다.

4
필요 치수의 길이가 100cm 이상이면 원단을 반으로 접어 핀을 꽂고 원하는 치수를 표시한 후 좌에서 우로 상에서 하로 선을 그어 자른다. 원단을 접을 때는 원단 앞면끼리 마주하고 뒷면이 위로오게 한다.

⊙ 기본 손바느질

홈질

가장 널리 쓰이는 기본 바느질 법이다. 두 겹의 원단을 포개어 쥐고 처음 바느질을 시작하는 지점의 뒤에서 앞으로 바늘을 뺀다. 바늘땀이 위 아래로 일정하게 나타나도록 일정한 간격으로 바느질한다. 앞과 뒤의 바느질된 모양이 점선 모양으로 같다.

시침질

바느질 시작 전에 겉감과 안감을 임시 고정시킬 때 사용한다. 바늘땀의 간격이 넓은 홈질로 듬성듬성 성기게 꿰매며 옷을 가봉할 때 사용한다. 요즘에는 시침질 대신 핀을 사용하기도 한다.

박음질

솔기를 튼튼하게 바느질하는 방법이다. 박음질할 곳에 선을 긋고 시작할 때 바늘을 앞으로 빼고 한 땀 0.5cm 되는 곳에서 바늘을 꽂아 뒤로 빼고 한 땀 0.5cm만큼 앞으로 가서 바늘을 앞으로 뺀다. 땀수 끝나

는 곳에 바늘을 꽂아 뒤로 빼고 이번에는 두 땀만큼 가서 바늘을 앞으로 빼서 땀수 끝나는 곳에 바늘을 꽂는다. 이와 같이 반복하면 재봉틀로 박은 것처럼 된다.

상침뜨기

보료나 방석 등의 가장자리를 실밥이 드러나도록 꿰매 고정시키고, 박음질이 겉으로 드러나 장식 효과도 갖는다. 박음질을 두 땀 뜨고 다시 바늘땀만큼 떠워 두 땀을 박음질하면 두 땀 상침, 같은 방법으로 세 땀이 보이도록 꿰매면 세 땀 상침이다.

공그르기

옷의 밑단을 고정시키거나 창구멍 등을 막을 때 사용한다. 실 땀이 겉으로 나오지 않게 속으로 떠서 꿰맨다. 단이나 시접 부분을 처리할 때는 접은 시접 사이로 바늘을 넣어 바닥의 올을 스며 뜬 후 겉은 한 올씩 떠서 실 땀이 시접의 겉으로 잘 드러나지 않도록 한다. 창구멍을 마무리할 때는 시접을 접어 맞댄 후 바늘을 양쪽 시접에서 번갈아 넣어 실 땀이 겉으로 드러나지 않도록 속으로 떠서 꿰맨다.

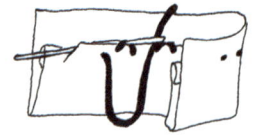

감침질

시접의 가장자리나 옷의 단 처리에 사용한다. 가장자리나 시접 부분을 안으로 꺾어 접은후 두 원단을 마주잡고 바늘을 수직으로 꽂아 바느질하면 실이 사선으로 나타난다.

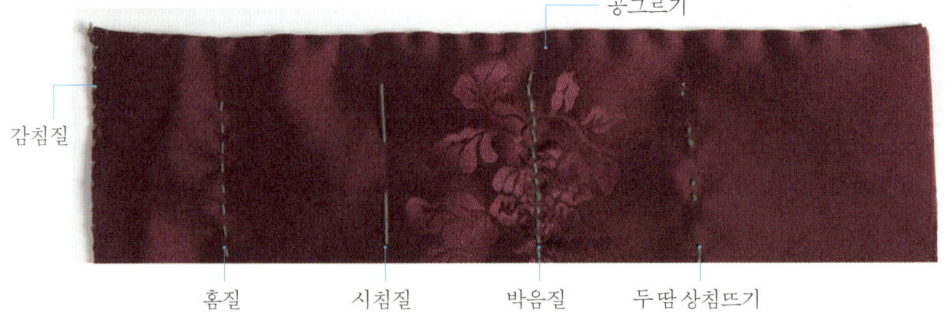

공그르기

감침질

홈질　　시침질　　박음질　　두 땀 상침뜨기

깨끼바느질

얇고 성긴 옷감을 바느질할 때 솔기를 한 번 꺾어 꿰맨 후 또 다시 접어서 박는다. 일반적으로 얇고 성긴 여름용 옷감에 많이 사용된다.

1
원단 2폭을 포개서 시접을 1.5cm 남기고 합폭한다. 바느질 땀수는 1mm 정도로 한다.

2
바느질 선을 따라 꺾어 다림질하고 1cm 안으로 눌러 박는다.

3
나머지 시접 부분은 최대한 바짝 가위로 깨끗하게 잘라낸 후 꺾어 다시 한번 다림질한다.

4
다림질해 눌러둔 시접 부분을 다시 한번 더 눌러 박는다.

* 깨끼바느질은 바느질 땀수가 좁을수록 고급 바느질이다. 사진의 과정 부분은 구분을 위해 넓게 바느질했다.

⊙ 꼭 알아 두어야 할 재봉 바느질

합폭하기

재단한 둘 이상의 원단을 앞면끼리 맞대고 박음질하는 것을 말한다. 이때 한쪽 시접 1.5cm를 떼고 박는다.

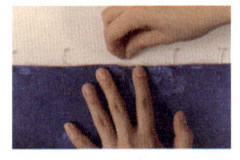   

시접 넣기

시접은 합폭할 때 남기고 박는 원단의 여유 부분을 말한다. 시접은 상황에 따라 좌, 우가 되기도 하고, 상, 하가 되기도 한다. 시접은 항상 완성 치수에서 3cm를 더해 준다.

예) 완성 치수 : 길이 10×폭 20cm
　　재단 치수 : 길이 13×폭 23cm

솔기와 시접 처리

솔기는 원단을 맞대고 꿰맨 줄로 합폭한 바느질의 봉합선을 말한다.
이때 솔기 속으로 접혀서 들어간 부분이 시접이다. 시접의 처리 방법은 재봉선을 따라
박고 솔기를 갈라 다림질하는 가름솔, 시접 부분을 어느 한쪽으로 꺾는 쌈솔과 통솔로 나눈다.

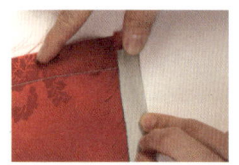   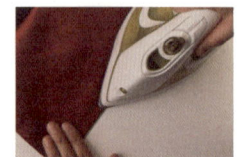

창구멍 내기

박음질 작업한 것을 안팎을 뒤집어 빼내기
위해 다 꿰매거나 박지 않고, 일정 부분을 남
겨 둔 것을 말한다.

지퍼 달기 ①

용도와 쓰임, 원단의 종류에 따라 다양한 소재와 형태의 지퍼를 선택한다.

  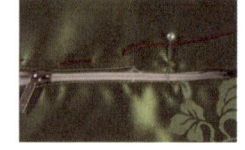

1
시접 1.5cm 선을 긋고 꺾
어서 다림질한다.

2
원단 밑에 지퍼를 깔고 시
침질한다.

3
시침질한 원단의 앞면이
위로 오게 하고 눌러 박
는다. 나머지 한쪽도 위와
같은 방법으로 한다.

4
지퍼의 끝 부분을 'ㄱ'자
로 눌러 박는다.

지퍼 달기 ②

1
지퍼를 놓고 그 위에 지퍼
달 원단을 시접 1.5cm 꺾
어 접어 다리미로 눌러준
후 올려 놓는다. 지퍼와
원단을 핀을 꽂아(또는
시침질) 고정시킨 후 눌
러 박는다.

2
다른 한쪽도 남은 지퍼 위
에 시접 1.5cm 꺾어 접어
다리미로 눌러준 원단을
지퍼가 보이지 않게 올려
놓는다.

3
지퍼와 원단을 핀을 꽂아
고정시킨 후 눌러 박는다.

4
지퍼 끝 한쪽은 'ㄱ'자로
박는다.

단춧구멍 만들기

재봉틀의 '단춧구멍 기능'을 사용해서 봉재한 후 구멍을 뚫는다.

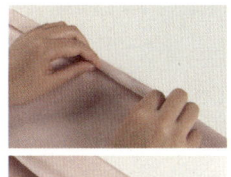

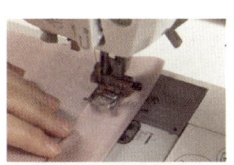

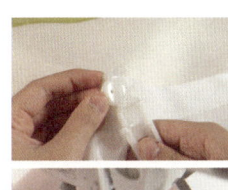

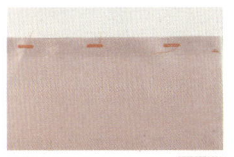

1
단춧구멍을 뚫어 줄 원단
의 끝을 2cm 꺾어 접은 다
음 다시 한 번 더 꺾어 접
어 다리미로 눌러 놓는다.

2
그 위를 눌러 박는다.

3
단추의 크기와 단추 달
곳을 표시한 다음 재봉틀
의 '단춧구멍 기능'을 사
용해서 박는다.

4
단춧구멍용 끝의 날 부분
을 원단에 수직으로 대고
눌러서 구멍을 뚫어도 되
고, 가위로 잘라 주어도
된다.

접착심지 붙이기

접착심지는 풀로 붙이거나 직접 겉감에 붙여 쓰는 심감을 말한다. 원단이 힘을 받게 하거나 원단의 내구성을 보강할 때 사용한다. 두께가 다양해서 용도에 맞추어 선택한다. 직접 풀로 붙이거나 겉감의 뒷면에 다리미 열을 이용해 고온에서 눌러 다린다.

바이어스 테이프 만들기

바이어스 테이프는 보통 3~4cm 폭으로 만든다. 일반적으로 3cm 폭 바이어스는 몸판과 같은 원단으로 재단하여 겉으로 드러나지 않도록 달고, 4cm 폭 바이어스는 포인트를 줄 수 있는 원단을 이용하여 겉으로 드러나게 달아 장식적으로 활용한다.

1
크기와 필요에 따라 정사각형의 원단을 준비한다. 예) 길이 50×폭 50cm.

2
기름기 없는 초크나 색연필로 원단에 사선 방향으로 3cm, 혹은 4cm 폭의 선을 그린다.

3
선을 따라가며 반듯하게 잘라준다.

4
자른 테이프는 그대로 두어도 되고, 필요한 길이만큼 앞면끼리 맞대고 연결해두어도 된다.

파이핑 하기

파이핑 하기는 완성된 작품에 밋밋함을 없애거나, 색상의 변화를 줄 때 필요하다.
안에 감싸 넣을실(면실, 또는 파이핑 실)이 필요하다.

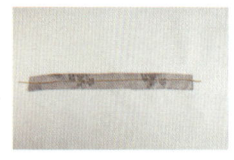
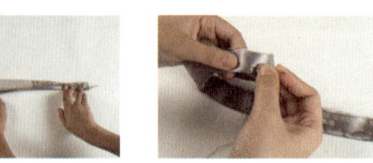

1
준비해둔 바이어스 테이프를 뒷면이 앞으로 오도록 뒤집어 놓고 그 중앙에 파이핑 실을 얹어 감싼다.

2
바이어스테이프와 파이핑 실을 시침질로 고정한다. 시접을 약간 남긴 후 노루발을 파이핑 실에 바짝 대고 박는다.

퀼팅솜 붙이기

퀼팅솜을 사용하면 보온성은 물론 도톰하게 두께감이 생겨 색다른 느낌으로 마무리할 수 있다.
다림질을 이용해 원단에 붙일 수 있는 접착용 퀼팅솜을 사용하면 편리하다.

1 퀼팅솜과 원단을 같은 사이즈로 잘라서 겹쳐 둔다
2 퀼팅솜과 원단을 잘 맞대어 바느질한다.

재봉에 필요한 도구들

손바늘
재봉틀 바늘
노루발
손바느질용 실
재봉틀용 실
가위 : 큰 가위, 중 가위, 쪽가위
대나무자 : 각 1m, 90cm(1마자), 50cm
줄자
기름기 없는 색연필 또는 초크 펜슬
진주 핀
핀 쿠션
골무
실뜯개(리퍼)
다리미

원단과 재봉용 부자재 구입

동대문종합시장, 광장시장은 대표적인 원단 및 부자재 전문 시장으로 의류와 침구에 쓰이는 모든 재료들을 갖추고 있다. 동대문종합시장 1층부터 5층은 각종 원단과 솜 등의 충전재, 퍼와 가죽, 레이스와 단추 등의 부재료가 모두 갖춰져 있다. 이 중 3, 4층은 원단이 중심이다. 광장시장은 각종 원단과 부자재 외에도 수입 소재의 실크와 레이스 등 고가의 원단들이 잘 갖추어져 있다.

"한 땀 한 땀 손으로 피운 예술"

국화 만들기

1
길이 5×폭 5cm의 정사
각형 원단을 준비한다.

2
오른쪽 모서리를 안쪽(좌
측)으로 돌돌 말아 준다.

3
모서리의 반쯤 왔을 때 양
손을 모아주고 형태를 잡
아준다.

4
말아 놓은 모양이 풀어지
지 않도록 시침 핀을 꽂
아 형태를 만들어 준다.

5
시침 핀으로 국화 모양을
고정한 후 아랫부분은 실
로 감는다.

6
실로 감아 준 국화 모양은
길이 1~1.5cm, 폭 0.8cm
가 된다. 실로 묶인 아랫
부분은 0.8cm 정도 남겨
놓고 가위로 자른다.

7
여러 가지 원단을 이용해
완성된 국화 모양.

8
국화 모양을 이용해 만든
베갯모.

쌍국화 만들기

1
길이 5×폭 5cm의 정사
각형 원단을 준비한다.

2
모서리를 양손으로 쥐고
안쪽으로 돌돌 말아 준다.
양손이 서툴면 한쪽씩 말
아주어도 된다.

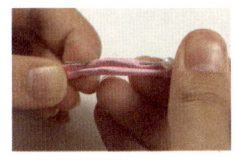

3
양쪽 모서리 끝을 접어 한
쪽으로 모은다.

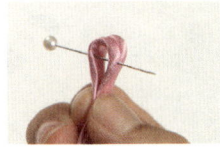

4
말아 놓은 모양을 핀을
꽂아 그대로 유지한다.

5
핀으로 고정해 둔 국화 모
양은 끝 부분을 0.5cm 정
도 남기고 실로 감는다.

6
실로 감아 준 국화 모양은
길이 1~1.5cm, 폭 0.8cm
가 된다. 실로 묶인 아랫
부분은 0.5cm 정도 남겨
놓고 가위로 자른다.

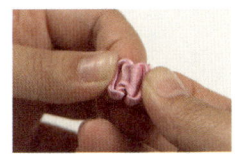

7
양쪽이 돌돌 말려 맞닿아
있는 상태에서 사이를 약
간 벌려 위의 사진과 같이
모양을 만들어 사용한다.

8
말아 놓은 쌍국화 모양.
사용할 때는 7번의 형태
로 사용한다.
* 사용하기 전에는 말아 놓
은 상태로 보관하고 7번처
럼 벌려 놓지 않는다.

잣 만들기

1
길이 5×폭 5cm의 정사
각형 원단을 준비하여 원
단을 사진처럼 삼각형 모
양으로 접어준다.

2
삼각형으로 접은 원단은
다시 오른쪽부터 안으로
접는다. 왼쪽도 안으로 접
어 준다. 다 접어준 후 다
리미로 눌러 준다.

3
세모꼴을 만들어 핀으로
꽂아 둔다. 다른 색도 이
와 같은 방법으로 만들어
완성된 세모꼴 원단의 사
이에 넣는다.

4
필요에 따라 3쪽 잣, 5쪽
잣을 만들어 바늘로 꿰
매 고정 시킨 후 끝 부분
0.8cm를 남긴다. 완성된
모습.

술 만들기

1
두꺼운 종이를 잘라 길이 7×폭 3.5cm의 직사각형 모양으로 준비한 후, 명주 푼사실을 풍성하게 감는다.

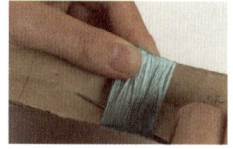

2
바늘에 실을 꿰어 둔다. 바늘을 사진과 같이 실타래의 안쪽 종이와 맞붙은 공간으로 밀어 넣어준 후 빼낸다.

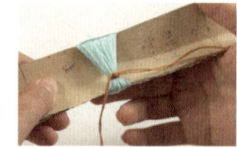

3
종이에 감긴 실타래를 사진과 같이 단단하게 묶어 준다.

4
두꺼운 종이를 빼내고 감긴 실타래를 가지런히 모아 쥔 채로 밑 부분을 0.5cm 남기고 실로 단단하게 감아준다.

5
실로 감긴 실타래를 잘 다듬어 모양을 만들어 준다.

6
정리한 실타래의 가운데 부분에 가위를 넣어 잘라 준다.

7
주전자에 물을 팔팔 끓여 실타래에 쏘여 주고 모양을 만들어 준 후, 준비해 둔 천 끈에 술을 달아 완성한다.

손수 당의 장식판 만들기 크기 : 길이 11.5×폭 10cm.

1
적당한 크기의 수판을 준비한다. 두꺼운 하드보드지나 종이 상자를 이용해 당의 모양 본을 떠서 준비한다.

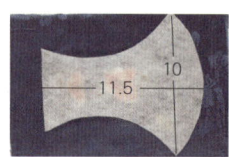

2
만들어 둔 당의 모양 본을 이용해 접착심지를 당의 모양으로 그려 준 후 오려둔다.

3
수판 원단 뒤에 접착심지를 붙인다. 접착심지는 고온에서 다리미로 눌러 준다. (참고 : 접착심지 붙이기 56p)

4
수 판은 시접 1.5cm를 남겨 자른다. 가장자리 부분은 곡선을 살려 가위질한 후, 풀 붙여 다리미로 고온에서 눌러 붙인다.

* 수판은 인사동이나 동대문종합시장, 광장시장에서 구입한다

손수 사각 장식판 만들기 크기 : 길이 5×폭 5cm(정사각 장식판)

1
길이 7×폭 7cm의 수 판을 준비하여 뒤집어 놓는다.

2
길이 5×폭 5cm로 자른 접착심지를 뒤집어 놓은 수판 위에 중심을 맞추어 올려 놓은 후, 고온에서 다려 수판에 고정시킨다.

3
접착심지의 가장자리에 풀을 발라 준다. 수판의 가장자리를 붙여 준 후 판을 완성한다.

4
완성된 손수 사각 장식판 앞면과 뒷면.

쌍국화 장식판, 직사각 장식판 만들기 크기 : 길이 8×폭 1.5cm.

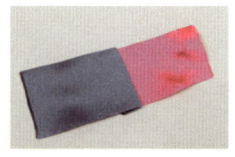

1
색이 다른 원단 2쪽을 길이 6×폭 4cm씩 잘라 준비해 둔다. 2쪽을 풀로 붙이거나 합폭해 하나로 만든다.

2
접착심지를 길이 8×폭 1.5cm로 잘라 준비한다. 합폭한 원단 뒤에 시접 1cm를 남기고 준비한 접착심지를 올려 놓은 후 고온에서 다리미로 눌러 붙인다.

3
접착심지를 붙인 원단의 가장자리 부분은 풀을 발라 고온에서 다리미로 눌러 붙여 정리한다.

4
손바느질로 쌍국화 장식을 달아 완성된 쌍국화 장식판. 아래쪽은 두가지색으로 꾸민 직사각 장식판.
(참고 : 쌍국화만들기61p)

생활용품

쿠션
줄무늬 비단 쿠션
날개 쿠션
사각 입체 쿠션
긴 쿠션

무릎덮개
네 갈래 조각 무릎덮개
사각 조각 무릎덮개
긴 조각 무릎덮개
5색 줄무늬 무릎덮개

테이블러너와 매트
삼베 러너
삼베 매트

* 재단 그림의 숫자는 시접 3cm(상하, 또는 좌우로 1.5cm씩)를 포함한 치수입니다.
* 단위는 모두 cm 기준입니다.

쿠션

쿠션은 요즘 주거 생활에서 빠질 수 없는 인테리어 소품. 다양한 크기와 모양으로 현대적인 주거 생활에 장식을 더하는 필수품이 되었다. 무엇보다 유용한 쓰임으로 생활의 안락함을 더하고, 형형색색으로 몸을 감싼 화려함과 개성 넘치는 디자인으로 장식 효과도 그만이다. 여기 가장 한국적인 소재와 색상으로 완성된 비단 쿠션들은 오늘날 모던한 공간에 더없이 훌륭한 어울림을 연출한다.

줄무늬 비단 쿠션

크기 : 길이 50 × 폭 35cm

재료 준비

쿠션 앞판

〈가〉 모본단 쪽색 : 1마

(재단 길이 10 × 폭 38cm)

〈나〉 모본단 은회색 : 1마

(재단 길이 16 × 폭 38cm)

〈다〉 모본단 자주색 : 1마

(재단 길이 18 × 폭 38cm)

〈라〉 모본단 벽돌색 : 1마 (재단 길이 18 × 폭 38cm)

쿠션 뒤판 모본단 베이지색 : 1마 (재단 길이 53 × 폭 38cm)

장식 : 쌍국화 장식판(8 × 2cm)

Tip   * 쿠션 속(구름솜)은 동대문종합시장, 광장시장 등에서 크기에 맞춰 구입한다. 재료를 구입해 직접 만들 경우
       속 싸개는 완성 크기보다 사방 3~4cm 정도 크게 준비한다.
     * 쌍국화 장식판은 자투리 천을 이용해 만들거나 만들어진 장식을 구입해 사용해도 된다.
       (참고 : 쌍국화 만들기 61p, 쌍국화 장식판 만들기 63p)

재단하기

앞판

〈가〉는 길이 10cm, 폭 38cm로 자른다.

〈나〉는 길이 16cm, 폭 38cm로 자른다.

〈다〉와 〈라〉는 각각 길이 18cm, 폭 38cm로 자른다.

원단의 앞면은 테이블에 맞대고 뒷면이 위로 오게하여 원단을 뒤집어

재단한다. (참고 : 재단하기 50p)

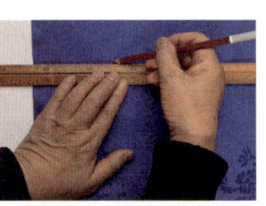

뒤판

길이 53cm, 폭 38cm로 자른다.

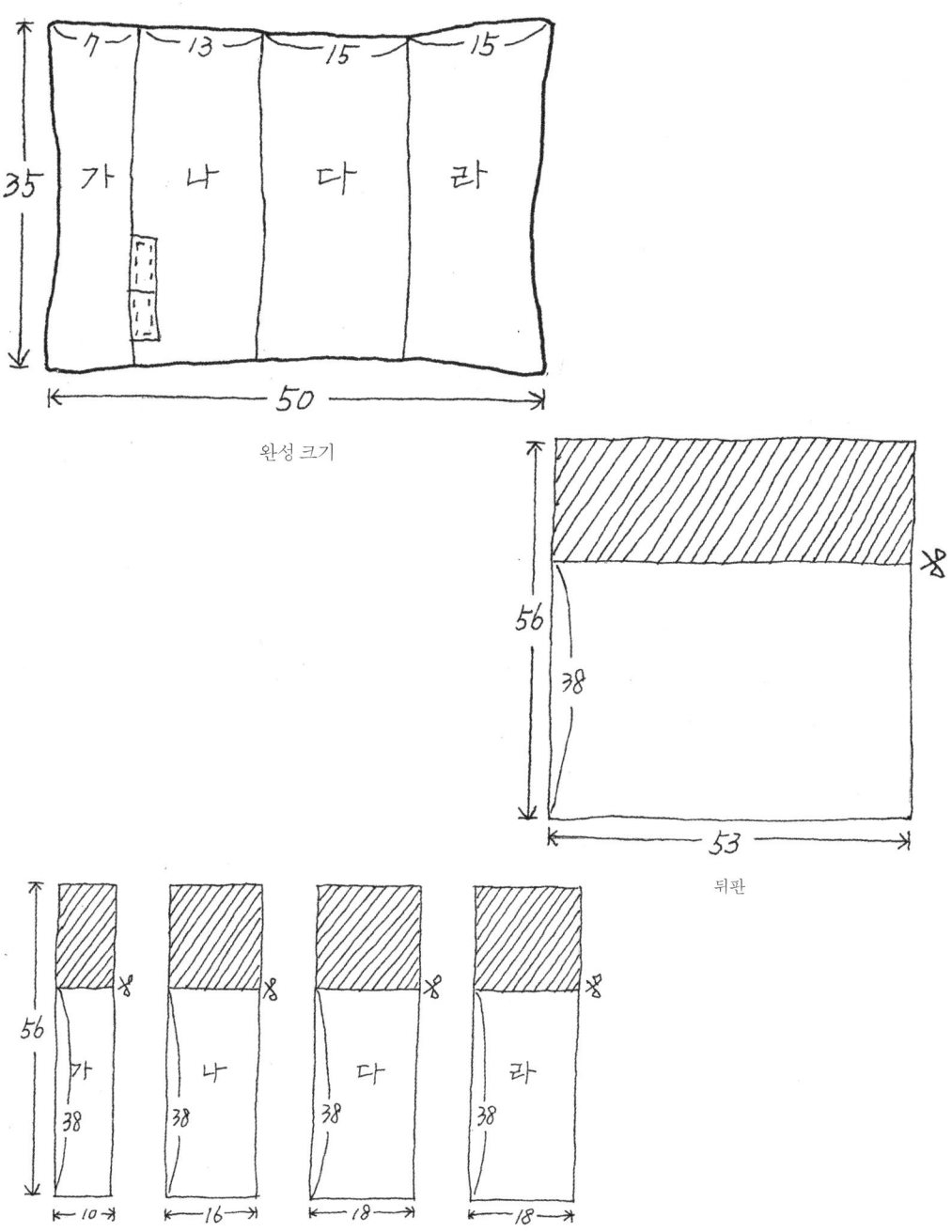

7   13   15   15

가   나   다   라

35

50

완성 크기

56

38

53

뒤판

56

가   나   다   라

38   38   38   38

10   16   18   18

앞판

만들기

핀 꽂기

재단된 〈가〉와 〈나〉를 합폭하기 전 핀으로 고정 시키고, 길이 쪽으로 합폭한다.

앞판 합폭하기

합폭된 〈나〉를 〈다〉와 합폭한다. 이어서 〈다〉와 나머지 〈라〉도 같은 방법으로 합폭한다. 쿠션 앞판을 완성한다.

장식달기

준비한 장식을 〈나〉의 아래쪽에서부터 10cm 정도 떼고 달아 준다.

이때 장식을 핀으로 고정시킨 후 상침을 뜬다. (참고 : 상침뜨기 52p)

앞, 뒤판 합폭하기

쿠션 앞판과 뒤판을 서로 앞면끼리 마주 댄다.

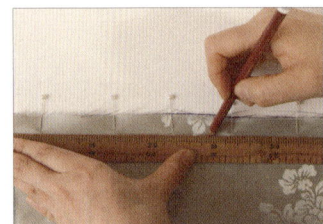
핀 꽂기

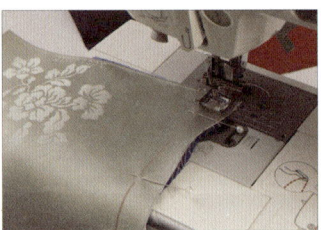
앞판 합폭하기

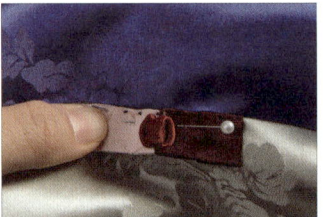
장식 달기

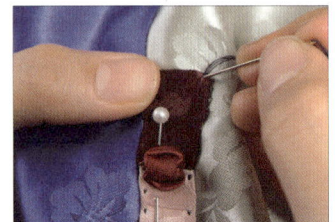
상침뜨기

이때 뒤판의 뒷면이 위로 오게 하여 핀 고정시킨 후,

쿠션 〈나〉 끝에서부터 시계 방향으로 한 바퀴 모두 박음질해 〈라〉까지 와서

박음질을 끝내고 〈다〉는 창구멍으로 남긴다.

이때 창구멍은 15cm로 한다. 앞, 뒤판 합폭을 완성한다.

뒤집기

열린 창구멍 사이로 쿠션 앞판과 뒤판을 빼낸 후 솔기 쪽을 다듬고 다림질한다.

마무리하기

준비한 쿠션 속(솜)을 열린 창구멍 사이로 넣는다.

쿠션 속을 다 넣은 후에는 쿠션의 네 귀퉁이를 잘 빼내고 솔기의 모양을 다듬어 준다.

창구멍은 공구르기로 막는다.(참고 : 공그르기 52p)

앞, 뒤판 합폭하기

뒤집기(창구멍으로 빼내기)

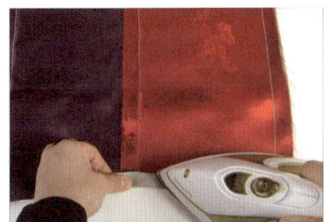
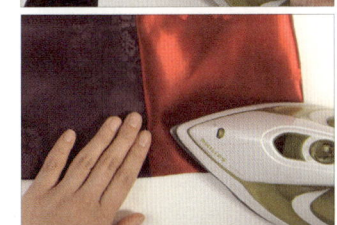
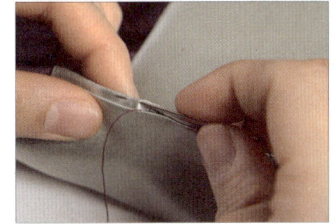

뒤집기(솔기 다듬고 다림질하기, 맨 위)
마무리하기(창구멍 막기)

날개쿠션

크기 : 길이 45 × 폭 45cm (날개 제외 : 길이 35 × 폭 35cm)

재료준비

쿠션 앞, 뒤판

모본단 검정색 : 1마

(재단 길이 76 × 폭 38cm)

쿠션 날개 〈상, 하, 좌, 우〉 모본단 촌분홍색 : 1마

(재단 길이 43 × 폭 52cm)

재단하기

앞, 뒤판 길이 76cm를 반으로 접어 핀을 꽂은 후 폭을 38cm로 자른다.

앞, 뒤로 2쪽이 나온다.

날개 〈상, 하, 좌, 우〉 길이 43cm에서 폭 13cm씩 4쪽을 자르면 날개 총 4쪽이 나온다.

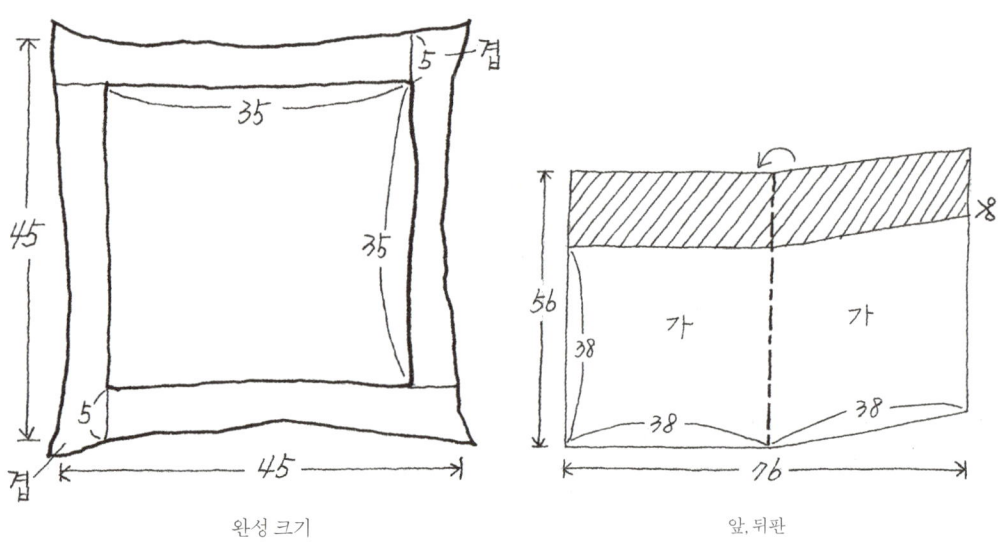

완성 크기   앞, 뒤판

앞, 뒤판 핀 꽂기

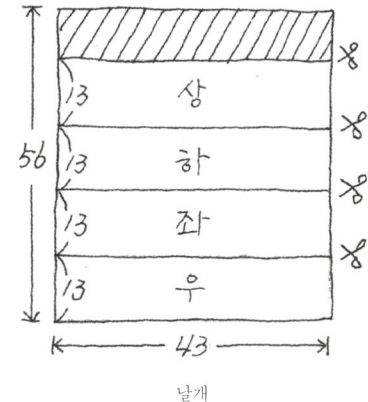

날개

쿠션 날개만들기

1. 쿠션 날개부터 박음질해야 하므로 재단해 둔 쿠션 날개 〈상, 하, 좌, 우〉를 준비한다.

2. 네 개의 날개 모두 길이 43cm는 그대로 사용하고,

폭 13cm는 반으로 접어 6.5cm로 만들어 뒤집어 접는다. 모두 6.5cm 겹이 된다.

3. 뒤집은 상태로 길이에서 시접 1.5cm를 남기고 한쪽만 박는다.

나머지 3쪽도 모두 이와 같이 한 다음 다시 뒤집어 다림질한다. 날개의 형태를 만든다.

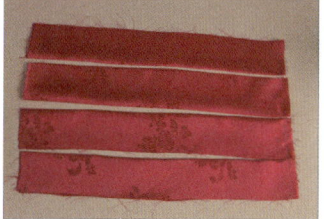

날개 만들기 1

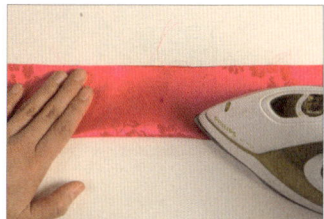

날개 만들기 2

날개 만들기 3

4. 박음질하기 하지 않은 날개〈좌〉의 끝을 뒤집어 그 속으로 한쪽만 박음질한 날개〈상〉좌를 넣고 감싼 후 시접 1.5cm를 남기고 합폭한다.

5. 나머지 박음질하지 않은 날개〈상〉우 끝을 뒤집어 그 속으로 한쪽만 박음질한 날개〈우〉상을 접어 넣고 날개〈상〉우가 날개〈우〉상을 감싼 후 시접 1.5cm를 남기고 합폭한다.

이와 같은 방법으로 날개〈우〉하와 날개〈하〉우를 합폭하고,

날개〈하〉좌에서 날개〈좌〉하를 합폭한다.

날개〈상, 하, 좌, 우〉모두 4쪽의 날개가 완성된다.

앞, 뒤판과 날개 합폭하기

1. 재단해 둔 쿠션 앞판의 앞면을 위로 한 후, 그 위에 완성된 날개를 올려 놓는다.

2. 1의 엎혀진 날개 위에 쿠션 뒤판이 위로 오게 한다. 여기에 시접 1.5cm를 남기고 시침질한다.

* 쿠션 앞판, 그 위에 날개 2쪽(앞, 뒤). 그 위에 쿠션 뒤판을 함께 합폭하려면 미리 시침질해 둔다.

이때 시접선 1.5cm를 미리 그어 두면 합폭이 쉬워진다.

단, 네 귀퉁이 쪽은 두꺼워 합폭이 어렵기 때문에 세심하게 박음질해야 한다.

3. 쿠션 한쪽에서부터 시계 방향으로 합폭해 나가는데, 처음 시작한 자리로 한 바퀴 돌아오기 15cm 전에 창구멍을 내 둔다.

4. 창구멍으로 쿠션 앞, 뒤판을 빼내고 솔기를 꺾은 후 다듬어 다림질한다.

5. 준비한 쿠션 속을 넣는다. 창구멍은 공그르기로 마무리한다.(참고 : 공그르기 52p)

날개 만들기 4

앞, 뒤판과 날개 합폭하기 1

앞, 뒤판과 날개 합폭하기 3

날개 만들기 5

앞, 뒤판과 날개 합폭하기 2

앞, 뒤판과 날개 합폭하기 4

사각 입체 쿠션

크기 : 길이 20 × 폭 20cm

재료준비

쿠션 각 면

⟨가⟩ 모본단 촌분홍색 : 1마 (재단 길이 23 × 폭 23cm)

⟨나⟩ 모본단 연두색 : 1마 (재단 길이 23 × 폭 23cm)

⟨다⟩ 모본단 노란색 : 1마 (재단 길이 23 × 폭 23cm)

가장자리 장식

홈질용 굵은 실, 노란색, 연두색, 검정색, 빨강색 등

(참고 : 상침뜨기 52p)

재단하기

각 면 ⟨가⟩는 길이 23cm, 폭 23cm씩 2번 자른다. 나머지 ⟨나⟩와 ⟨다⟩도 이와 같이 재단한다.

같은 색끼리 각각 2쪽씩 나온다.

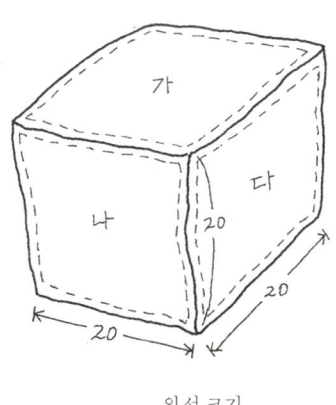

완성 크기

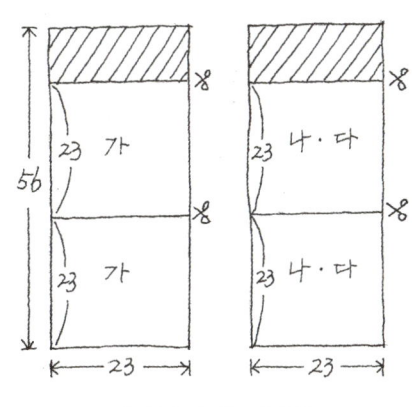

각 면 ⟨가, 나, 다⟩ 모두 동일

긴 쿠션

크기 : 길이 104 × 폭 46cm (날개 제외 : 길이 100 × 폭 42cm)

재료 준비

쿠션 앞판

〈가〉 모본단 진회색 : 1마 (재단 길이 23 × 폭 45cm)

〈나〉 모본단 벽돌색 : 1마 (재단 길이 23 × 폭 45cm)

〈다〉 모본단 검정색 : 1마 (재단 길이 23 × 폭 45cm)

〈라〉 모본단 은회색 : 1마 (재단 길이 23 × 폭 45cm)

〈마〉 모본단 밤색 : 1마 (재단 길이 23 × 폭 45cm)

쿠션 뒤판 모본단 베이지색 : 1.5마 (재단 길이 103 × 폭 45cm)

쿠션 날개 〈상, 하, 좌, 우〉 모본단 국방색 : 1.5마 (재단 길이 107 × 폭 7cm)

지퍼 베이지색 80cm

재단하기

앞판 〈가〉는 길이 23cm, 폭 45cm로 자른다. 나머지 〈나, 다, 라, 마〉도 모두 같은 방법으로 자른다.

뒤판 원단의 길이 103cm는 그대로 사용하고 폭에서 45cm를 자른다.

날개

〈상, 하〉는 준비된 원단에서 폭을 7cm씩 2쪽 자른다.

〈좌, 우〉는 날개 〈상, 하〉를 재단한 나머지 원단에서 길이를 45cm로 자르고

폭을 7cm씩 2번 자른다.

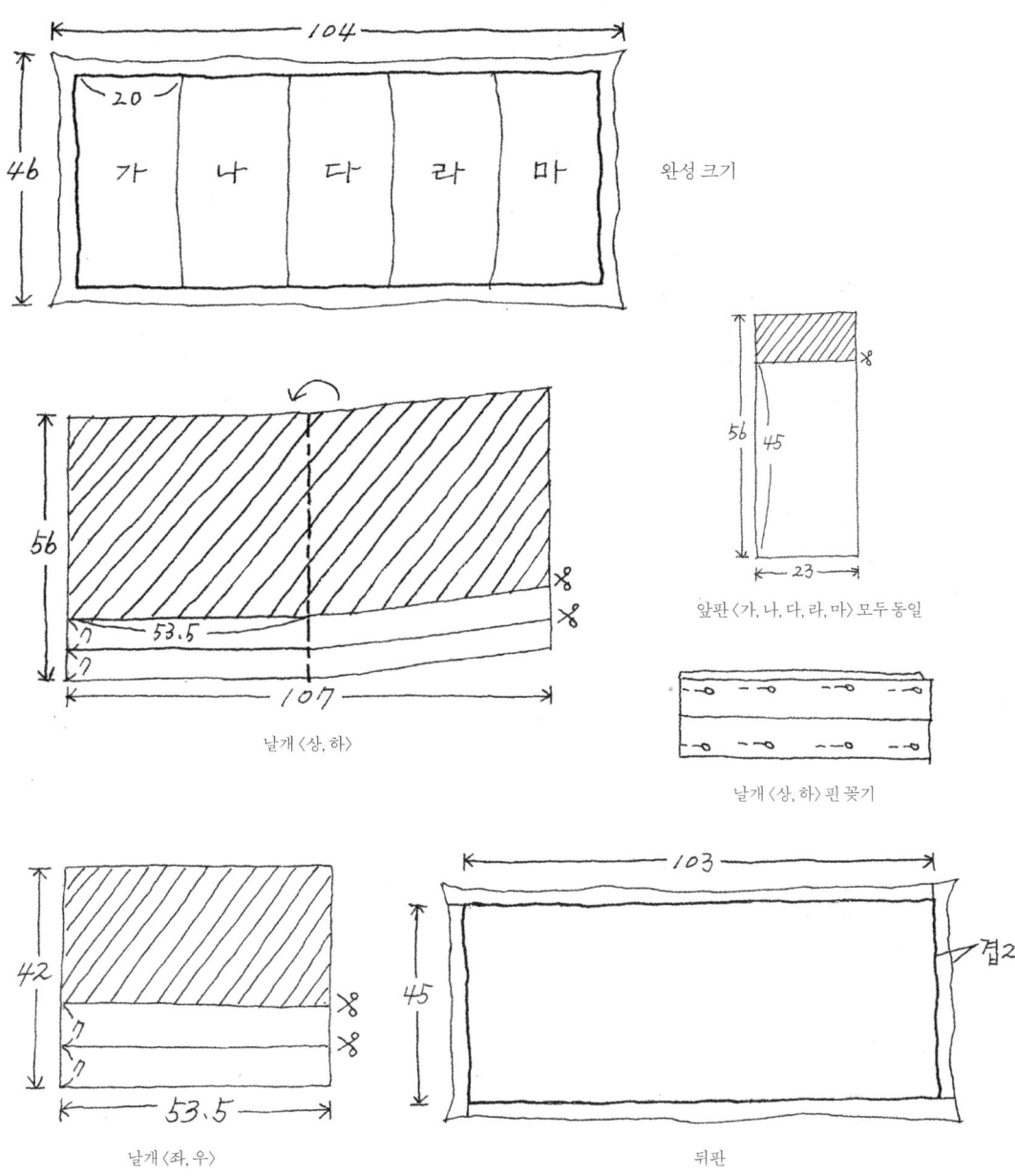

完成 크기 → 완성 크기

104

46

20

가 나 다 라 마

앞판〈가, 나, 다, 라, 마〉모두 동일

56

45

8

23

56

53.5

107

날개〈상, 하〉

날개〈상, 하〉핀 꽂기

42

53.5

날개〈좌, 우〉

103

45

겹2

뒤판

Tip　*날개 부분은 날개 한 면이 2cm로 양쪽으로 겹이 되는 4cm에 시접 3cm를 더해 총 7cm가 필요하다.
　　　*쿠션 앞, 뒤판의 합폭, 날개 부분은 앞의 날개 쿠션과 같은 방법으로 제작한다. (참고 : 날개 쿠션 72p)

무릎덮개

무릎덮개는 양식화된 주거 생활에 잘 어울리는 실용성 강한
생활용품. 추운 겨울날은 물론이며 한여름 냉방 시설이 잘 된
실내 공간에서도 체온을 따뜻하게 유지시켜 주며, 사계절 그
몫이 크다. 모처럼 한가한 독서 시간, 가족들과 담소를 나누거
나 잠깐의 달콤한 낮잠을 즐길 때도 작고 가벼운 무릎덮개의
고마움은 크다. 가장 한국적인 소재와 색상과 디자인으로 만
들어낸 우리 이불, 무릎덮개. 잦은 사용에도 면보다 더러움이
타지 않아 더 편하고 실용적이다.

네 갈래 조각 무릎덮개

크기 : 길이 150 × 폭 100cm

재료준비

무릎덮개 앞판

⟨가 1⟩ 수직 황금색 : 1마

(재단 길이 68 × 폭 53cm)

⟨가 2⟩ 수직 자주색 : 1마

(재단 길이 10 × 폭 53cm)

⟨나 1⟩ 수직 회색 : 1마 (재단 길이 81 × 폭 46cm)

⟨나 2⟩ 수직 황금색 : 1마 (재단 길이 81 × 폭 10cm)

⟨다 1⟩ 수직 진한 베이지색 : 1마 (재단 길이 81 × 폭 46cm)

⟨다 2⟩ 수직 연한 밤색 : 1마 (재단 길이 81 × 폭 10cm)

⟨라 1⟩ 수직 연한 밤색 : 1마 (재단 길이 68 × 폭 53cm)

⟨라 2⟩ 수직 쑥색 : 1마 (재단 길이 10 × 폭 53cm)

무릎덮개 뒤판 명주 쑥색 : 1마 (재단 길이 153 × 폭 103cm)

무릎덮개 속 퀼팅솜 3온스 (재단 길이 153 × 폭 103cm)

* 수직은 1폭이 150cm이다.

재단하기

앞판 ⟨가 1⟩은 길이 68cm, 폭 53cm로 자른다.

⟨가 2⟩는 길이 10cm, 폭 53cm로 자른다.

⟨나 1⟩은 길이 81cm, 폭 46cm로 자른다.

⟨나 2⟩는 길이 81cm, 폭 10cm로 자른다.

⟨다 1⟩은 길이 81cm, 폭 46cm로 자른다.

⟨다 2⟩는 길이 81cm, 폭 10cm로 자른다.

⟨라 1⟩은 길이 68cm, 폭 53cm로 자른다.

⟨라 2⟩는 길이 10cm, 폭 53cm로 자른다.

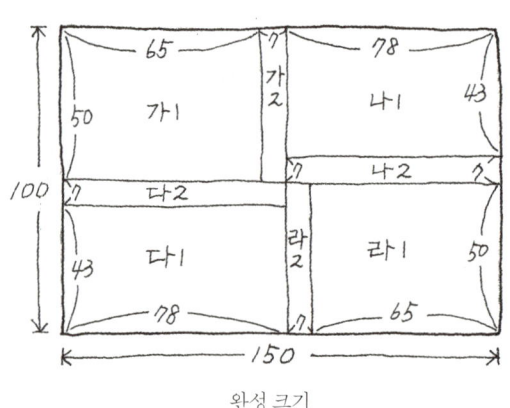

완성 크기

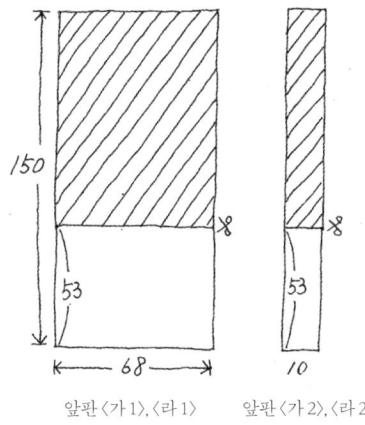

앞판〈가 1〉,〈라 1〉 앞판〈가 2〉,〈라 2〉

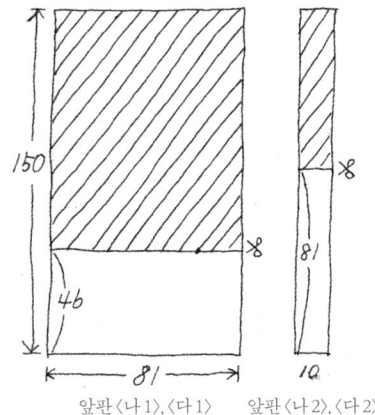

앞판〈나 1〉,〈다 1〉 앞판〈나 2〉,〈다 2〉

뒤판 길이 153cm, 폭 103cm로 자른다.
속(퀼팅솜) 길이 153cm, 폭 103cm로 자른다.

만들기

앞판 합폭하기 〈가1〉과 〈가2〉를 합폭한다.

〈나1〉과 〈나2〉를 합폭한다.

〈다1〉과 〈다2〉를 합폭한다.

〈라1〉과 〈라2〉를 합폭한다.

뒤판, 속(퀼팅솜)

합폭된 〈가 1, 2〉와 〈나 1, 2〉를 합폭한다. 무릎덮개 앞판 위쪽 부분이 완성된다.

합폭된 〈다 1, 2〉와 〈라 1,2〉를 합폭한다. 무릎덮개 앞판 아래쪽 부분이 완성된다.

합폭된 〈가 1, 2〉, 〈나 1, 2〉와 합폭된 〈다 1, 2〉, 〈라 1, 2〉를 다시 합폭한다.

이때 합폭이 모두끝난 앞판의 최종 크기가 길이 153cm, 폭 103cm가 되어야 한다.

솜 두기와 앞, 뒤판 합폭하기 합폭이 완성된 앞판과 재단된 뒤판을 준비한다.

무릎덮개 앞판의 앞면과 뒤판의 앞면끼리 서로 마주 대고 그 위에 퀼팅솜을 얹어

핀으로 고정시킨 후 앞, 뒤판을 합폭한다.

합폭할 때 어느 한쪽에 20cm 정도의 창구멍을 낸다. 핀 고정 대신 시침질을 해도 된다.

뒤집기 창구멍으로 무릎덮개의 앞판과 뒤판을 빼낸 후 공그르기로 마무리한다.

마무리하기 솔기를 따라 손질하고 다림질한다.

사각 조각 무릎덮개

크기 : 길이 141 × 폭 100cm

재료준비

무릎덮개 앞판

〈가 1, 가 2〉 모본단 황금색 : 1마

(재단 길이 27 × 폭 18cm)

〈나 1, 나 2〉 모본단 자주색 : 1마

(재단 길이 27 × 폭 18cm)

〈다 1, 2, 3, 4〉 모본단 쪽색 : 1마

(재단 길이 54 × 폭 18cm)

〈라 1, 라 2〉 모본단 연보라색 : 1마 (재단 길이 27 × 폭 18cm)

〈마 1, 마 2〉 모본단 벽돌색 : 1마 (재단 길이 27 × 폭 18cm)

〈바 1, 바 2〉 모본단 연두색 : 1마 (재단 길이 27 × 폭 18cm)

〈사 1, 사 2〉 모본단 팥죽색 : 1마 (재단 길이 27 × 폭 18cm)

중앙 세로 〈아〉 모본단 은회색 : 1마 (재단 길이 73 × 폭 18cm)

중앙 가로 〈자 1, 2〉 모본단 은회색 : 1마 (재단 길이 51 × 폭 13cm)

무릎덮개 난지 〈상, 하, 좌, 우〉 모본단 황금색 : 2.5마 (재단 길이 217 × 폭 36cm)

무릎덮개 뒤판 명주 미색 : 2마 (재단 길이 144 × 폭 103cm)

무릎덮개 속 퀼팅솜 3온스 2마 (재단 길이 144 × 폭 103cm)

재단하기

앞판

1. 〈가 1, 2〉는 길이 27cm, 폭 18cm씩 2번 자른다.

나머지 앞판 〈나 1, 2〉, 〈라 1, 2〉, 〈마 1, 2〉, 〈바 1, 2〉, 〈사 1, 사 2〉도 같은 방법으로 재단한다.

2. 〈다 1, 2, 3, 4〉는 준비된 원단(길이 54cm, 폭 56cm)에서 길이 54cm를 반으로 나누고

폭을 18cm씩 3번 자른다. 나머지 길이 27cm에서 폭 18cm를 1번 자르면 총 4쪽이 나온다.

3. **중앙 세로** 〈아〉는 길이 73cm, 폭 18cm로 자른다.

4. 중앙 가로〈자 1, 2〉는 길이 51cm, 폭 13cm씩 2번 자르면 2쪽이 나온다.

난지〈상, 하〉는 길이 129cm, 폭 18cm씩 2번 자르면〈상, 하〉2쪽이 나온다.

난지〈좌, 우〉는 길이 88cm, 폭 18cm씩 2번 자르면〈좌, 우〉2쪽이 나온다.

뒤판 길이 144cm, 폭 103cm로 자른다.

속(퀼팅솜) 뒤판과 같이 재단한다.

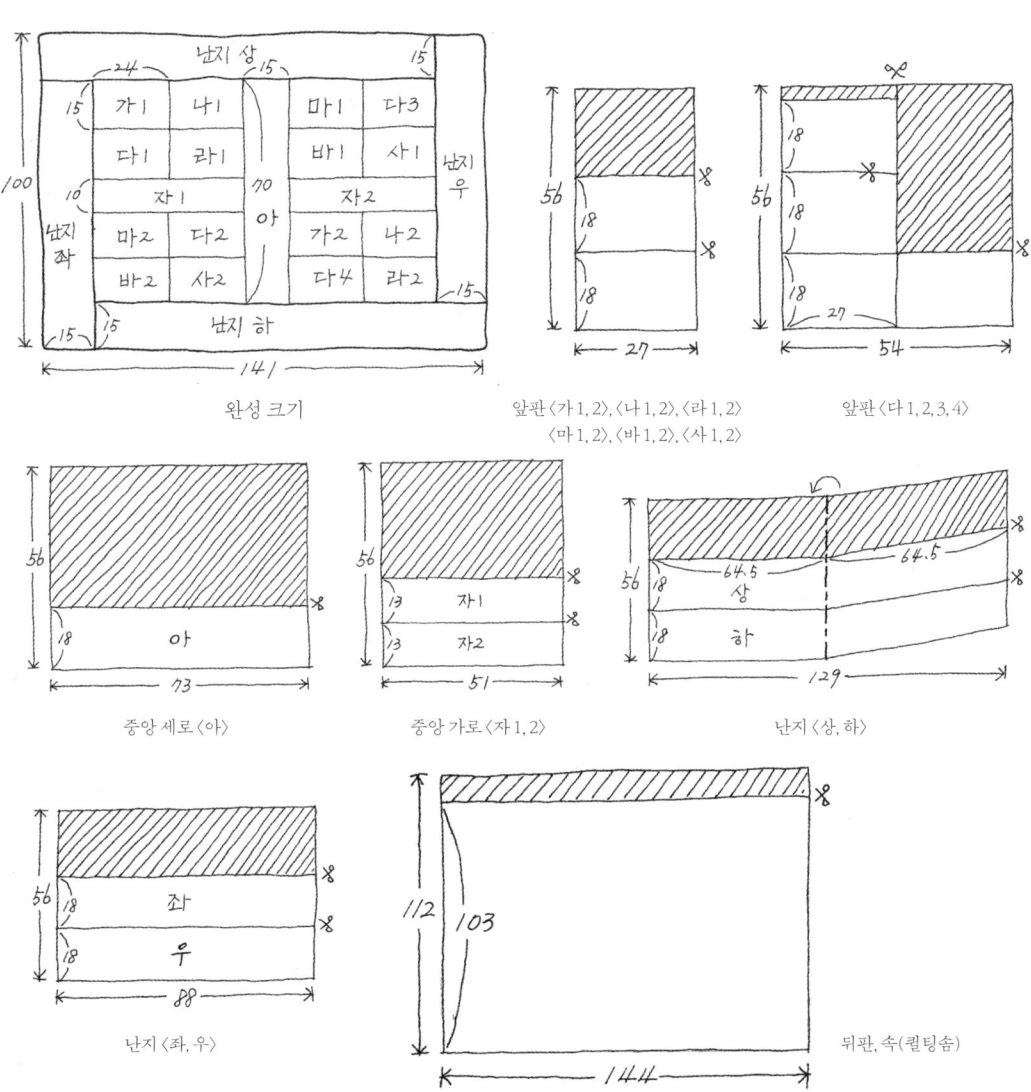

완성 크기

앞판〈가 1,2〉,〈나 1,2〉,〈라 1,2〉
〈마 1,2〉,〈바 1,2〉,〈사 1,2〉

앞판〈다 1,2,3,4〉

중앙 세로〈아〉

중앙 가로〈자 1,2〉

난지〈상, 하〉

난지〈좌, 우〉

뒤판, 속(퀼팅솜)

긴 조각 무릎덮개

크기 : 길이 153 × 폭 100cm

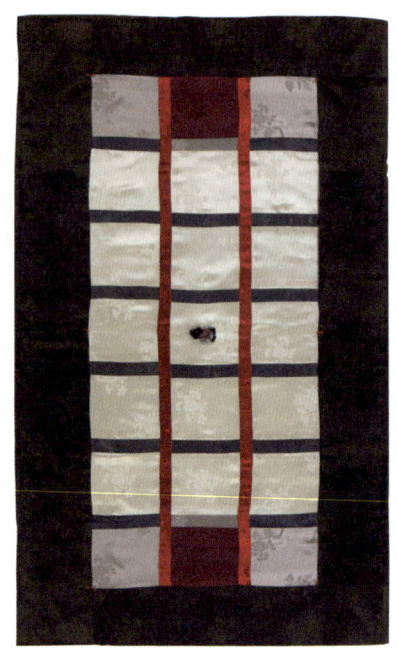

재료준비

무릎덮개 앞판(조각)

〈가〉 모본단 은회색 : 1.5마(재단 길이 105 × 폭 18cm)

〈나〉 모본단 중회색 : 1마(재단 길이 42 × 폭 18cm)

〈다〉 모본단 자주색 : 1마(재단 길이 21 × 폭 18cm)

〈세로선〉 모본단 벽돌색 : 1.5마 (재단 길이 126 × 폭 6cm)

〈가로선〉 모본단 진회색 : 1마 (재단 길이 42 × 폭 6cm)

무릎덮개 난지

〈상, 하〉 모본단 국방색 : 길이 1마 (재단 길이 83 × 폭 18cm)

〈좌, 우〉 모본단 국방색 : 길이 2마 (재단 길이 141 × 폭 23cm)

무릎덮개 뒤판 명주 은회색 : 2마 (재단 길이 156 × 폭 103cm)

무릎덮개 속 퀼팅솜 3온스 2마 (재단 길이 156 × 폭 103cm)

장식 술 (참고 : 술 만들기 62p)

재단하기

앞판(조각)

〈가〉는 길이 21cm, 폭 18cm로 잘라 15쪽 준비한다.

〈나〉는 길이 21cm, 폭 18cm로 잘라 4쪽 준비한다.

〈다〉는 길이 21cm, 폭 18cm로 잘라 2쪽 준비한다.

앞판 세로선 길이 126cm, 폭 6cm로 잘라 2쪽 준비한다

앞판 가로선 길이 21cm, 폭 6cm로 잘라 18쪽 준비한다.

난지 〈상, 하〉 길이 83cm, 폭 18cm로 잘라 2쪽 준비한다.

난지 〈좌, 우〉 길이 141cm, 폭 23cm로 잘라 2쪽 준비한다.

뒤판 길이 156cm, 폭 103cm로 잘라 준비한다.

속(퀼팅솜) 뒤판과 같이 준비한다.

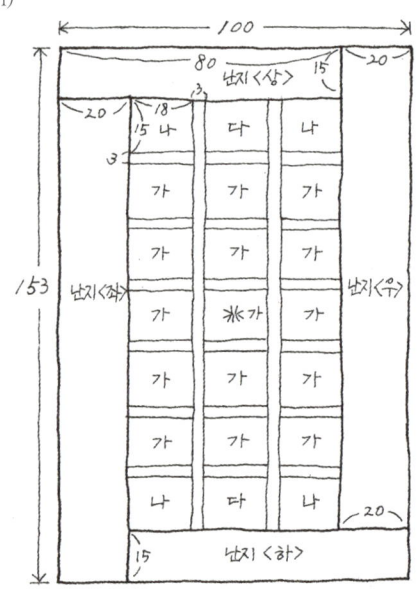

완성 크기

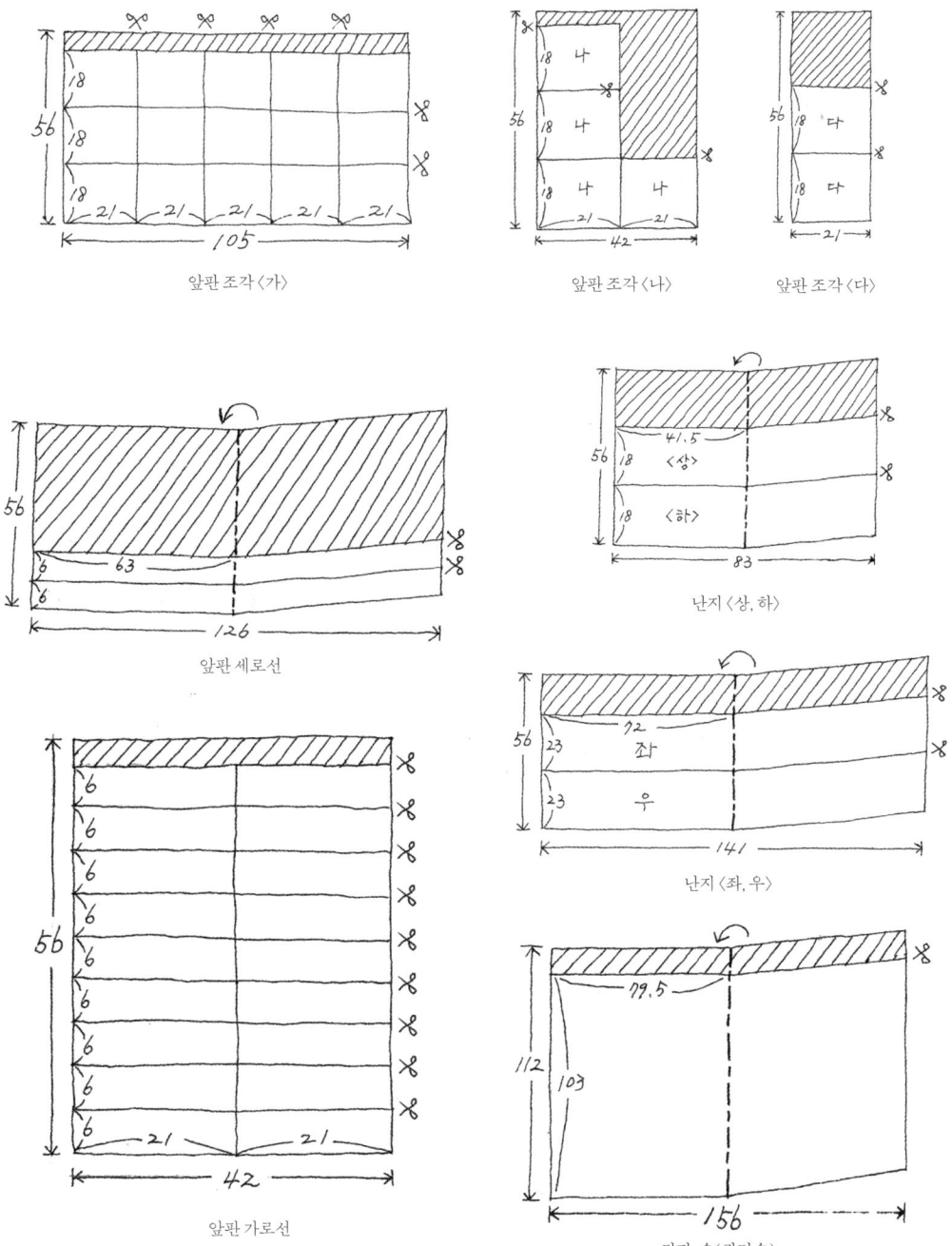

앞판 조각 〈가〉

앞판 조각 〈나〉

앞판 조각 〈다〉

앞판 세로선

난지 〈상, 하〉

앞판 가로선

난지 〈좌, 우〉

뒤판, 속(퀼팅솜)

85

5색 줄무늬 무릎덮개

크기 : 길이 150 × 폭 100cm

재료준비

무릎덮개 앞판

〈가〉 모본단 초록색 : 1.5마 (재단 길이 103 × 폭 56cm)

〈나〉 모본단 쪽색 : 1.5마 (재단 길이 103 × 폭 10cm)

〈다〉 모본단 황금색 : 1.5마 (재단 길이 103 × 폭 15cm)

〈라〉 모본단 벽돌색 : 1.5마 (재단 길이 103 × 폭 28cm)

〈마〉 모본단 검정색 : 1.5마 (재단 길이 103 × 폭 56cm)

무릎덮개 뒤판

명주 베이지색 : 2마 (재단 길이 153 × 폭 103cm)

무릎덮개 속

퀼팅솜 3온스 2마 (재단 길이 153 × 폭 103cm)

장식 쌍국화 장식판

* 쌍국화 장식판은 자투리 천을 이용해 만들거나 만들어진 장식을 구입해 사용해도 된다.
 (참고 : 쌍국화 만들기 61p, 쌍국화 장식판 만들기 63p)

재단하기

앞판 〈가〉, 〈마〉는 길이 103cm, 폭 56cm로 자른다.

〈나〉는 길이 103cm, 폭 10cm로 자른다.

〈다〉는 길이 103cm, 폭 15m로 자른다.

〈라〉는 길이 103cm, 폭 28cm로 자른다.

뒤판 준비된 원단을 반으로 접어 76.5cm가 되게 한 후, 핀 고정 시키고 폭에서 103cm 자른다.

속(퀼팅솜) 뒤판과 같은 방법으로 재단한다.

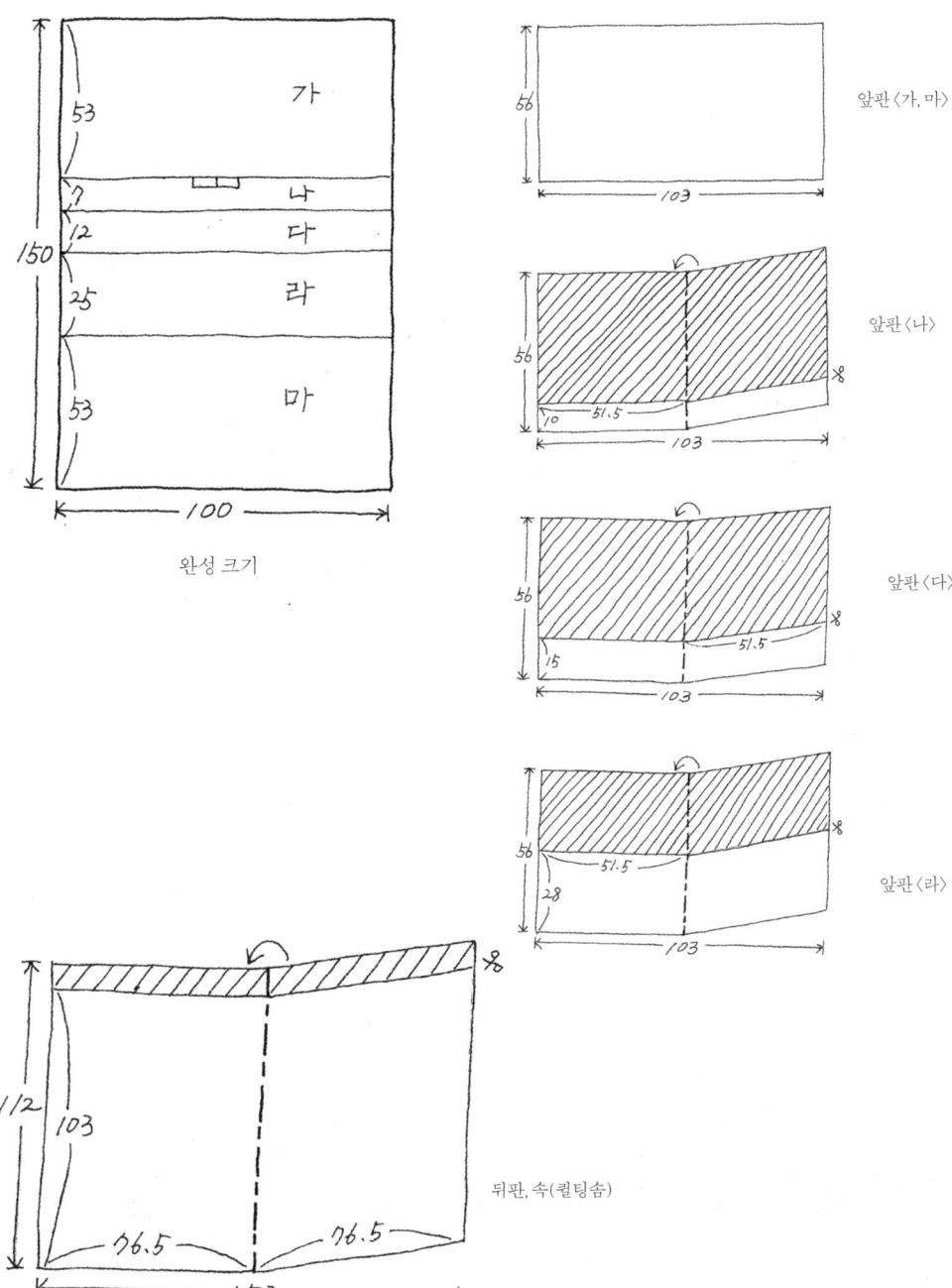

완성 크기

앞판〈가, 마〉

앞판〈나〉

앞판〈다〉

앞판〈라〉

뒤판, 속(퀼팅솜)

테이블 러너와 매트

가장의 귀가를 기다리는 소박한 밥상보 대신 화려한 치장의 테이블 러너와 매트가 자리잡은 지 오래다. 개성 있는 테이블 세팅으로 꾸민 식탁은 모두가 꿈꾸는 요즘의 식탁 풍경. 특별한 날에는 그 역할이 더욱 커지는 러너와 매트는 이제 식탁의 필수품이 되었다. 한여름에는 굵고 성긴 삼베로 정갈하게 지어낸 러너와 매트로 식탁에 청량함을 더해보자. 손님맞이 성찬 차림으로도 손색없다.

삼베 러너

크기 : 길이 240 × 폭 30cm

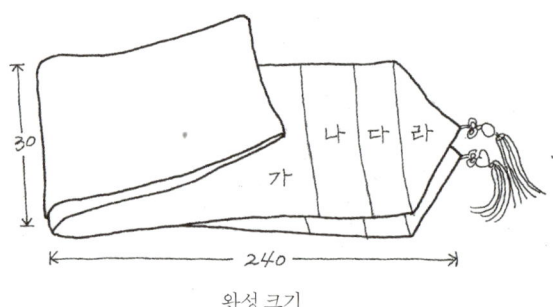

재료 준비

삼베 러너 앞판

〈가〉 굵은 삼베 미색 : 2.5마

(재단 길이 193 × 폭 33cm)

〈나〉 굵은 삼베 연한 쪽색 : 1마 (재단 길이 26 × 폭 33cm)

〈다〉 굵은 삼베 백색 : 1마 (재단 길이 16 × 폭 33cm)

〈라〉 굵은 삼베 밤색 : 1마 (재단 길이 26 × 폭 33cm)

삼베 러너 뒤판 굵은 삼베 미색 : 3마 (재단 길이 243 × 폭 33cm)

러너 장식 비취 달린 매듭 좌, 우 2개

* 장식은 사진과 다른 장식을 사용해도 된다. 동대문종합시장, 광장시장의 원단 부자재 시장에서 구입한다.

* 삼베는 1폭이 33~35cm이다.

재단하기

앞판

〈가〉는 길이 193cm, 폭 33cm 그대로 사용한다.

〈나〉는 길이 26cm를 반으로 잘라 13cm씩 2쪽 준비한다. 러너 좌, 우가 된다.

〈다〉는 길이 16cm를 반으로 잘라 8cm씩 2쪽 준비한다. 러너의 좌, 우가 된다.

〈라〉는 길이 26cm를 반으로 잘라 13cm씩 2쪽 준비한다. 러너의 좌, 우가 된다.

뒤판

길이 243cm, 폭 33cm 그대로 사용한다.

완성 크기

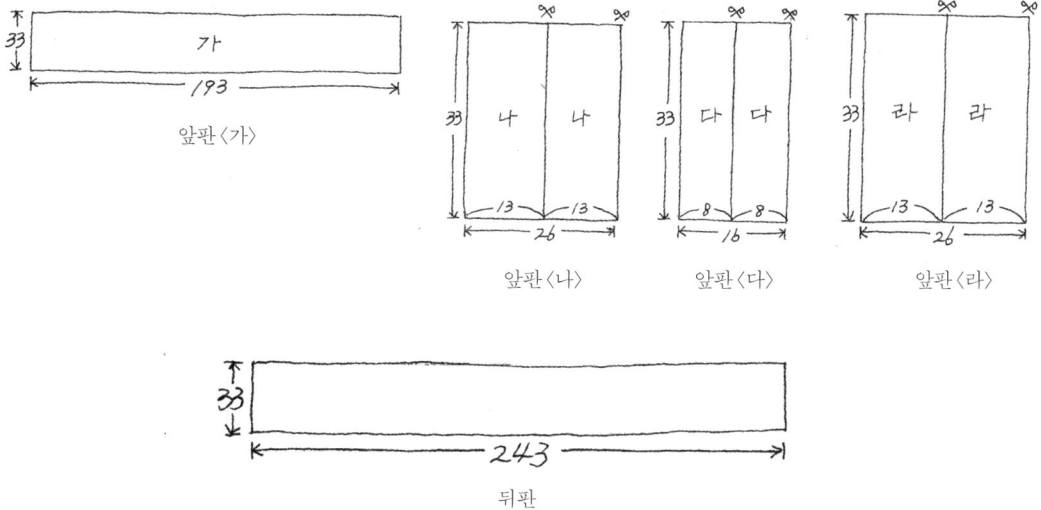

앞판〈가〉

앞판〈나〉　　　앞판〈다〉　　　앞판〈라〉

뒤판

만들기

앞판 합폭하기 〈가〉를 중심으로 우측에서부터 〈가〉와 〈나〉를 합폭하고, 이어서 〈다〉와 〈라〉를 합폭한다. 위와 같은 방법으로 좌측도 합폭한다. 러너의 앞판을 완성한다.

앞, 뒤판 합폭하기 합폭된 러너의 앞판과 재단된 뒤판을 준비한다. 러너의 앞판과 뒤판을 합폭할 때 〈가〉의 중앙에서부터 우측 시계 방향으로 계속 박음질해 나간다. 박음질을 시작한 〈가〉에 이르기 전 창구멍 20cm를 남기고 모두 박는다. (참고 : 창구멍 내기 54p)

양쪽 가장자리 박음질하기 우측 〈라〉의 폭 중앙에 점을 찍고, 〈다〉의 양쪽 끝에서부터 〈라〉의 중앙 점까지 사선을 긋는다. 사선 위에 박음질한다. 나머지 좌측도 이와 같은 방법으로 선을 긋고 박음질한다.(참고 : 아래 그림 바느질하기)

뒤집기 박음질이 끝난 후 시접 1.5cm씩 남기고 자른다. 솔기를 꺾고 창구멍으로 뒤집어 꺼낸 후 다림질한다. 창구멍은 공그르기로 마무리한다. (참고 : 공그르기 52p)

장식 달기 러너의 좌, 우 양쪽에 준비한 장식을 달아 마무리한다.

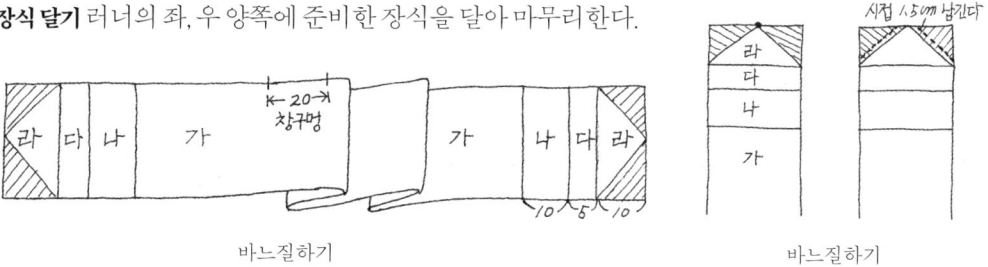

바느질하기　　　　　　　　　　　　　　　　　　　　바느질하기

삼베 매트

크기 : 길이 42 × 폭 30cm

재료 준비

삼베 매트 앞판

〈가〉 굵은 삼베 미색 : 1마
(재단 길이 30 × 폭 33cm)

〈나〉 굵은 삼베 밤색 : 1마
(재단 길이 8 × 폭 33cm)

〈다〉 굵은 삼베 쑥색 : 1마
(재단 길이 13 × 폭 33cm)

삼베 매트 뒤판

굵은 삼베 미색 : 1마
(재단 길이 45 × 폭 33cm)

* 매트 앞, 뒤판 원단은 필요한 인원수만큼 준비한다.
* 삼베는 1폭이 33~35cm이다.

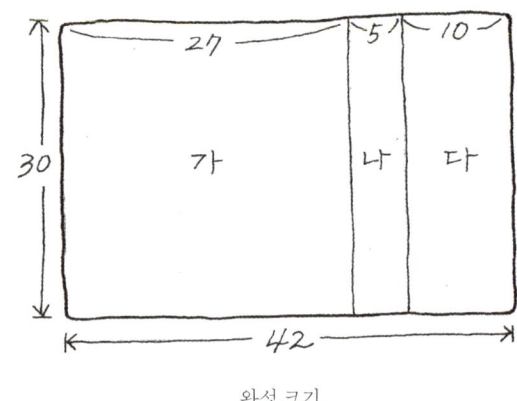

완성 크기

재단하기

앞판 〈가, 나, 다〉 모두 폭은 33cm로 자른다.

길이는 각각 〈가〉 30cm, 〈나〉 8cm, 〈다〉 13cm로 자른다.

뒤판 길이 45cm, 폭 33cm로 자른다.

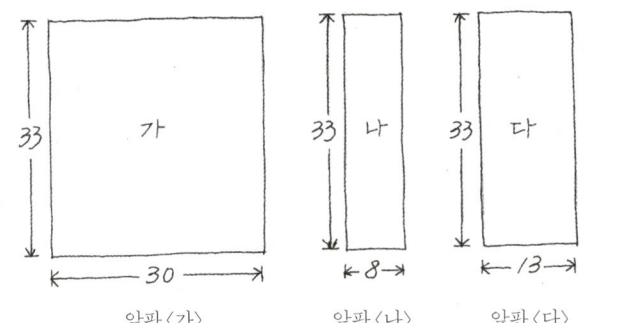

앞판〈가〉   앞판〈나〉   앞판〈다〉

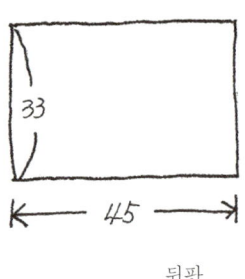

뒤판

만들기

앞판 합폭하기

〈가〉와 〈나〉를 합폭한다. 합폭된 〈나〉와 〈다〉를 합폭한다.

앞, 뒤판 합폭하기

완성된 앞판과 재단된 뒤판을 준비한다. 앞판과 뒤판을 합폭한다.

이때 어느 한쪽에 창구멍을 10cm 남겨 둔다.

뒤집기

창구멍으로 앞, 뒤판을 뒤집어 빼내고, 창구멍은 공그르기로 마무리한다.

마무리하기

솔기를 꺾고 다림질한다.

패션 소품

목도리
긴 색동 목도리
모본단 손수 목도리
구슬 달린 목도리
누빔 목도리

숄
모본단 파티 숄
실크 시폰 숄
생고사 숄

이브닝 백과 주머니
검정 이브닝 백
구슬 달린 이브닝 백
비단 속옷 주머니
염주, 묵주 주머니
휴지 주머니

* 재단 그림의 숫자는 시접 3cm(상하, 또는 좌우로 1.5cm씩)를 포함한 치수입니다.
* 단위는 모두 cm 기준입니다.

목도리

한겨울 추위를 이겨내고 나만의 개성을 마음껏 드러내는 데 목도리는 최고의 패션 소품. 좋은 소재로 잘 만든 목도리 하나만으로도 추위가 한결 가시고, 다양한 소재와 색깔만큼 장식 효과 또한 크다. 풍성한 광택과 부드러운 촉감의 모본단 목도리, 수직과 비로드에 손수를 곁들인 화려한 수 목도리, 구슬과 밍크로 장식성과 실용성을 모두 갖춘 개성 있는 밍크 목도리는 겨울철 몸치장에 그만이다.

긴 색동목도리 크기 : 길이 176×폭 14cm

재료준비

목도리 앞판

〈가〉 모본단 쪽색 : 1마 (재단 길이 17×폭 20cm)

〈나〉 모본단 벽돌색 : 1마 (재단 길이 17×폭 18cm)

〈다〉 모본단 은행색 : 1마 (재단 길이 17×폭 11cm)

〈라〉 모본단 연두색 : 1마 (재단 길이 17×폭 23cm)

〈마〉 모본단 촌분홍색 : 1마 (재단 길이 17×폭 13cm)

〈바〉 모본단 검정색 : 1마 (재단 길이 17×폭 17cm)

〈사〉 모본단 백색 : 1마 (재단 길이 17×폭 11cm)

〈아〉 모본단 비취색 : 1마 (재단 길이 17×폭 12cm)

〈자〉 모본단 자주색 : 1마 (재단 길이 17×폭 23cm)

〈차〉 모본단 은행색 : 1마 (재단 길이 17×폭 20cm)

〈카〉 모본단 황금색 : 1마 (재단 길이 17×폭 15cm)

〈타〉 모본단 초록색 : 1마 (재단 길이 17×폭 15cm)

〈파〉 모본단 벽돌색 : 1마 (재단 길이 17×폭 17cm)

목도리 뒤판

모본단 보라색 : 2마 (재단 길이 179 × 폭 17cm)

목도리 속

퀼팅솜 3온스 2마 (재단 길이 179×폭 17cm)

장식 쌍국화 장식판(8×2cm)

* 쌍국화 장식판은 자투리 천을 이용해 만들거나
  만들어진 장식을 구입해 사용해도 된다.
  (참고 : 쌍국화 만들기 61p, 쌍국화 장식판 만들기 63p)

재단하기

앞판 : 〈가〉, 〈차〉는 길이 17cm 그대로 사용하고
폭은 20cm로 자른다. 〈나〉는 길이 17 × 폭 18cm,

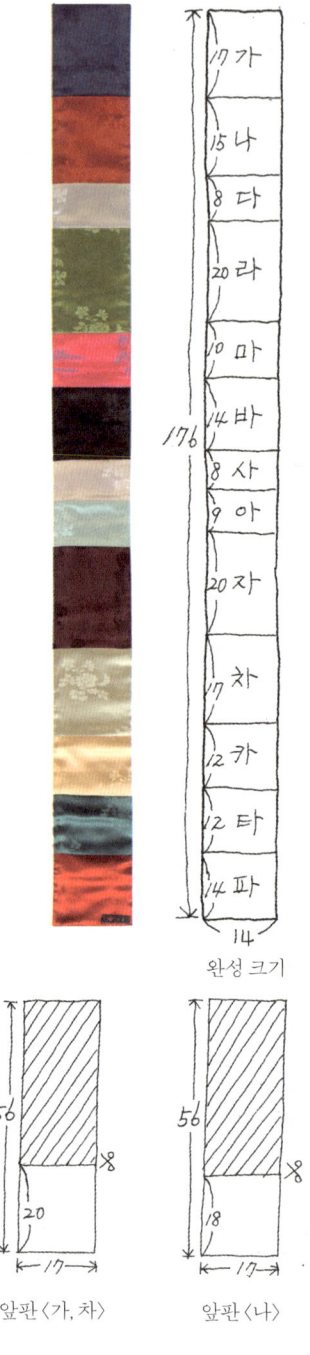

완성 크기

앞판 〈가, 차〉   앞판 〈나〉

〈다〉, 〈사〉는 길이 17×폭 11cm, 〈라〉, 〈자〉는 길이 17×폭 23cm,
〈마〉는 길이 17×폭 13cm, 〈바〉, 〈파〉는 길이 17×폭 17cm,
〈아〉는 길이 17×폭 12cm, 〈카〉, 〈타〉는 길이 17×폭 15cm로 자른다.

뒤판 길이 179cm, 폭 17cm로 자른다.

속(퀼팅솜) 뒷판과 같은 크기로 자른다.

*퀼팅솜은 반 정도를 걷어내고 사용하는 것이 좋다.

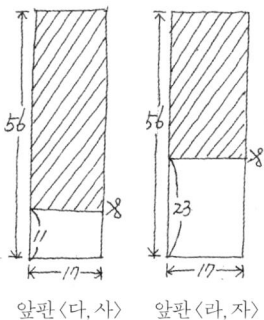

앞판〈다, 사〉　　앞판〈라, 자〉

만들기

앞판 합폭하기 재단된 〈가〉와 〈나〉를 합폭한다.
이어서 〈다〉와 〈라〉 뒤를 이어 〈파〉까지 순서대로 합폭한다.

퀼팅솜 두기

합폭이 완성된 앞판과 재단된 뒤판을 준비한다.
목도리 앞판의 앞면과 뒤판의 앞면끼리 서로 마주 대고
그 위에 퀼팅솜을 얹어 핀으로 고정시킨다.

앞, 뒤판 합폭하기 퀼팅솜을 얹은 앞, 뒤판을 합폭한다.
앞판 〈라〉의 끝에서부터 시계 방향으로 박아나가며 합폭한다.
〈다〉의 끝까지 박는다.
이때 한 바퀴 모두 박기 전 끝 부분에 20cm 정도 창구멍을 낸다.
합폭할 때 핀 고정 대신 시침질해도 된다. (참고 : 창구멍내기 54p)

뒤집기 창구멍으로 목도리의 앞판과 뒤판을 빼낸다.
창구멍은 공그르기로 마무리한다.

장식 달기 뒤판 아래쪽에 준비한 쌍국화 장식판을 상침뜨기로
달아 장식한다. (참고 : 상침뜨기 52p)

마무리하기 목도리의 귀퉁이 부분을 잘 빼내주고
솔기를 꺾어 손질한 후 다림질한다.

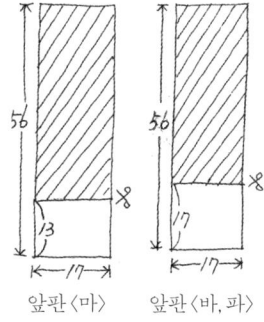

앞판〈마〉　　앞판〈바, 파〉

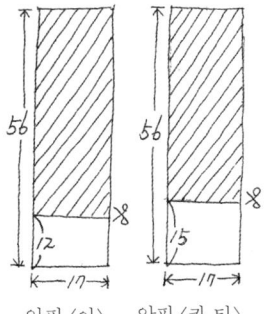

앞판〈아〉　　앞판〈카, 타〉

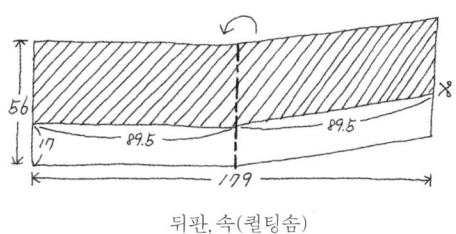

뒤판, 속(퀼팅솜)

모본단 손수 목도리

크기 : 길이 96×폭 14cm

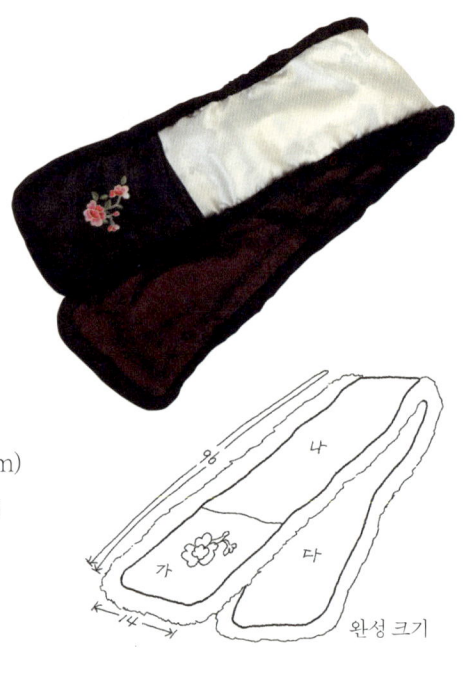

재료 준비

목도리 앞판

〈가〉 모본단 검정색 : 1마

(재단 길이 19×폭 17cm, 손수 또는 구슬 장식 원단)

〈나〉 모본단 은회색 : 1마 (재단 길이 83×폭 17cm)

목도리 뒤판 명주 자주색 : 1.5마 (재단 길이 99×폭 17cm)

목도리 속 퀼팅솜 3온스 1.5마 (재단 길이 99×폭 17cm)

가장자리 장식 밍크 밤색 또는 검정색 3마

(재단 길이 230×폭 3cm)

* 손수 장식 원단은 인사동의 수 집에서 구입한다.

재단하기

앞판

〈가〉는 길이 19cm, 폭 17cm로 자른다.

〈나〉는 길이 83cm, 폭 17cm로 자른다.

뒤판

길이 99cm, 폭은 17cm로 자른다.

속(퀼팅솜)

퀼팅솜은 길이 99cm,

폭은 17cm로 재단한다.

* 솜의 두께는 반으로 덜어내고 얇게 사용한다.

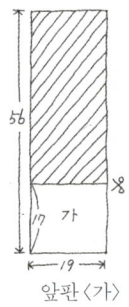

앞판〈가〉

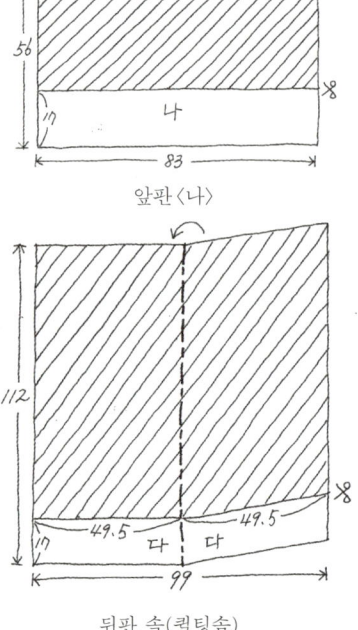

앞판〈나〉

뒤판, 속(퀼팅솜)

구슬 달린 목도리

크기 : 길이 96 × 폭 14cm

재료 준비

목도리 앞판

〈가〉실크 비로드 자주색 : 1마 (재단 길이 83 × 폭 17cm)

〈나〉수직 실크 은회색 : 1마

(재단 길이 19 × 폭 17cm, 구슬 또는 손수 장식 원단)

목도리 뒤판

실크 새틴 베이지색 : 1.5마 (재단 길이 99 × 폭 17cm)

가장자리 장식

밍크 밤색 3마 (재단 길이 230 × 폭 3cm)

* 수직 실크는 동대문종합시장, 광장시장의
  원단 및 부자재파는 곳에서 구입한다.

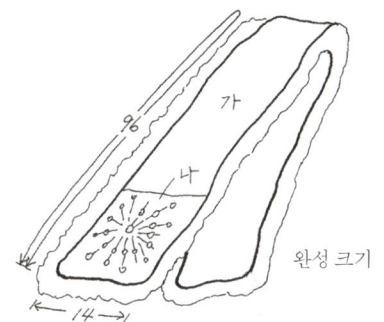

완성 크기

재단하기

앞판 〈가〉는 길이 83cm, 폭 17cm로 자른다. 〈나〉는 길이 19cm, 폭 17cm로 자른다.

뒤판 길이는 99cm, 폭은 17cm로 자른다.

* 실크 새틴은 너무 부드러워 재단이 어렵다. 길이 99cm의 원단을 반으로 접어
  핀을 꽂아 고정시킨 후 폭을 17cm로 자른다.

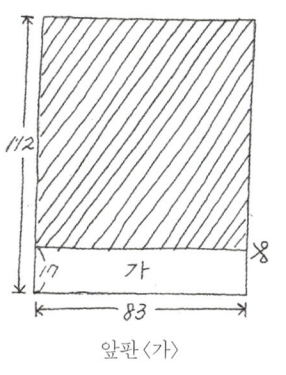

앞판 〈가〉

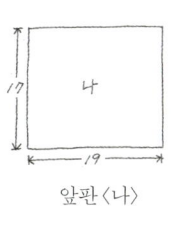

앞판 〈나〉

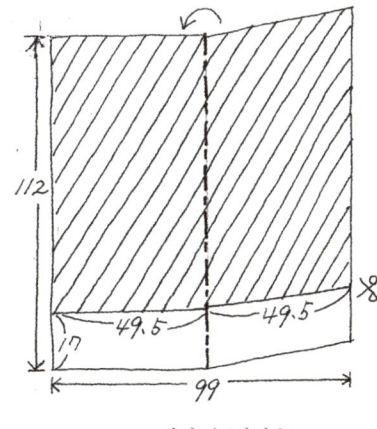

뒤판, 속 (퀼팅솜)

누빔 목도리

크기 : 길이 96×폭 14cm

재료준비

목도리 앞판

누빔 명주 백색 : 1.5마

(재단 길이 99×폭 17cm, 누빔 간격 0.8cm)

목도리 뒤판

실크 새틴 또는 색이 다른 명주 1.5마

(재단 길이 99×폭 17cm)

장식

사진과 같은 손수 또는 구슬 장식

*누비 명주는 동대문종합시장 지하의 누비 전문점에 의뢰, 구입한다.
이때 재단해서 의뢰하지 않고, 원단을 주고 누빔을 주문한다.

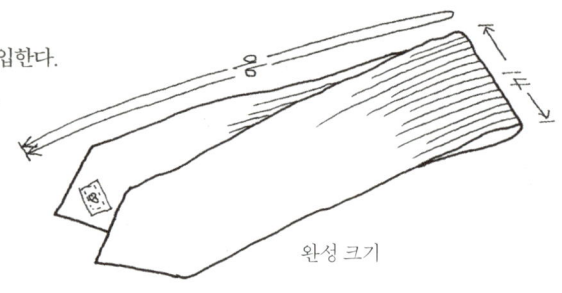

완성 크기

재단하기

앞판 길이 99cm, 폭 17cm로 자른다.

뒤판 길이 99cm, 폭 17cm로 자른다.

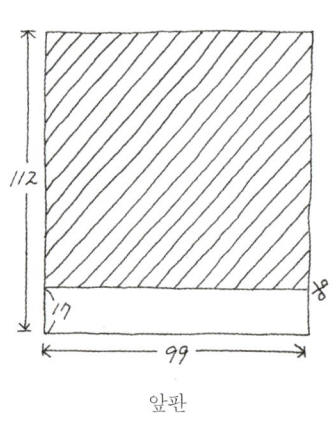

앞판

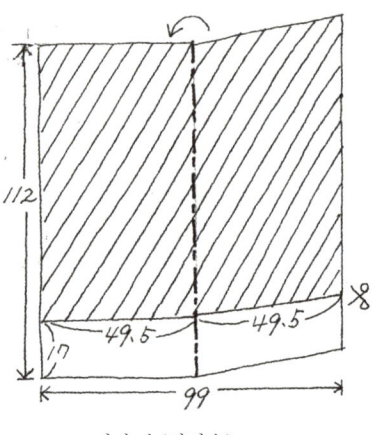

뒤판, 속(퀼팅솜)

숄

숄은 우리에게 낯설고 익숙지 않은 몸치장이다. 하
지만 숄이 가진 화려함과 과감한 장식성은 자칫 단조
로울 수 있는 옷차림에 더없이 훌륭한 치장이 되어준
다. 모처럼의 모임이나 화려한 치장이 필요한 날, 멋
스럽게 연출한 숄은 더할 나위 없이 아름다운 옷차림
을 완성한다. 부드러운 광택의 모본단과 하늘거리는
실크 시폰, 고급스러운 질감의 생고사는 개성 넘치는
숄을 만드는 데 훌륭한 소재들이다.

모본단 파티 숄

크기 : 길이 220 × 폭 35cm

재료 준비

숄 앞판

〈다〉 모본단 검정색 : 2.5마 (재단 길이 223 × 폭 38cm)

숄 뒤판

〈가〉 모본단 촌분홍색 : 2.5마 (재단 길이 223 × 폭 27cm)

〈나〉 모본단 비취색 : 2.5마 (재단 길이 223 × 폭 14cm)

장식 쌍국화 장식판

* 쌍국화 장식판은 자투리 천을 이용해 만들거나 만들어진 장식을 구입해 사용해도 된다.
  (참고 : 쌍국화 만들기 61p, 쌍국화 장식판 만들기 63p)

재단하기

앞판

〈다〉 길이는 223cm, 폭은 38cm로 재단한다.

뒤판

〈가〉는 길이는 223cm, 폭은 27cm로 재단한다.

〈나〉는 길이는 223cm, 폭은 14cm로 재단한다.

만들기

뒤판

뒤판을 먼저 합폭한다. 뒤판 〈가〉와 〈나〉를 합폭한다.

앞, 뒤판 합폭하기와 창구멍 내기

합폭된 뒤판 〈가〉, 〈나〉와 재단된 앞판 〈다〉를 준비한다.

뒤판과 앞판의 좌, 우를 길이로 먼저 합폭한다.

* 합폭할 때 앞판의 앞면과 뒤판을 1cm쯤 밀어서 합폭하고, 뒤쪽도 이와 같이 밀어서 합폭하면
  사진에 보이는 것처럼 숄의 앞면 쪽에서 뒷면의 색이 조금 보인다.
  뒤집었을 때도 앞판의 다른 색이 살짝 보여 색다른 멋을 연출할 수 있다.

창구멍 내기 앞, 뒤판을 길이로 합폭해 박아준다. 중간에 창구멍을 15cm 내준다.

뒤집기 창구멍으로 솔의 앞, 뒤판을 빼낸다.

장식 달기 준비한 장식을 상침뜨기로 단다. (참고 : 상침뜨기 52p)

이때 장식은 꼭 사진과 똑같은 것을 사용하지 않아도 된다.

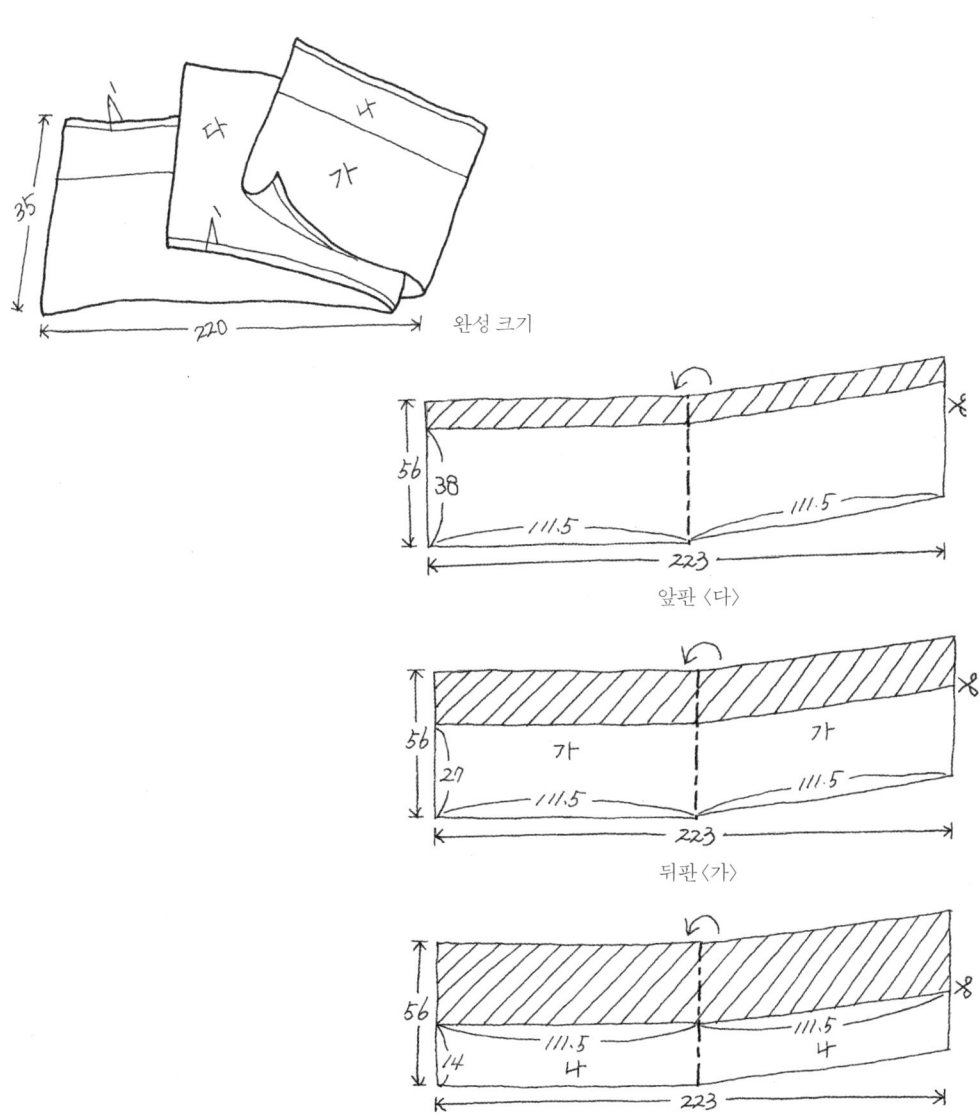

완성 크기

앞판 〈다〉

뒤판 〈가〉

뒤판 〈나〉

실크 시폰 솔

크기 : 길이 220 × 폭 35cm

재료 준비

솔 앞판

실크 시폰 연보라색 : 2.5마 (재단 길이 223 × 폭 38cm)

장식 : 구슬 테이프 (길이 76 × 폭 5cm)

*구슬 테이프는 배색에 맞추어 선택한다.

재단하기

앞판

길이 223cm를 반으로 접어 핀 고정 시키고, 폭에서 38cm 자른다.

장식

장식용 구슬 테이프는 길이 76cm를 반으로 잘라서 2쪽을 만든다.

*솔 좌, 우의 양쪽 끝에 사용할 것으로,
 가장자리 처리는 공그르기 하거나 전문가에게 의뢰한다.

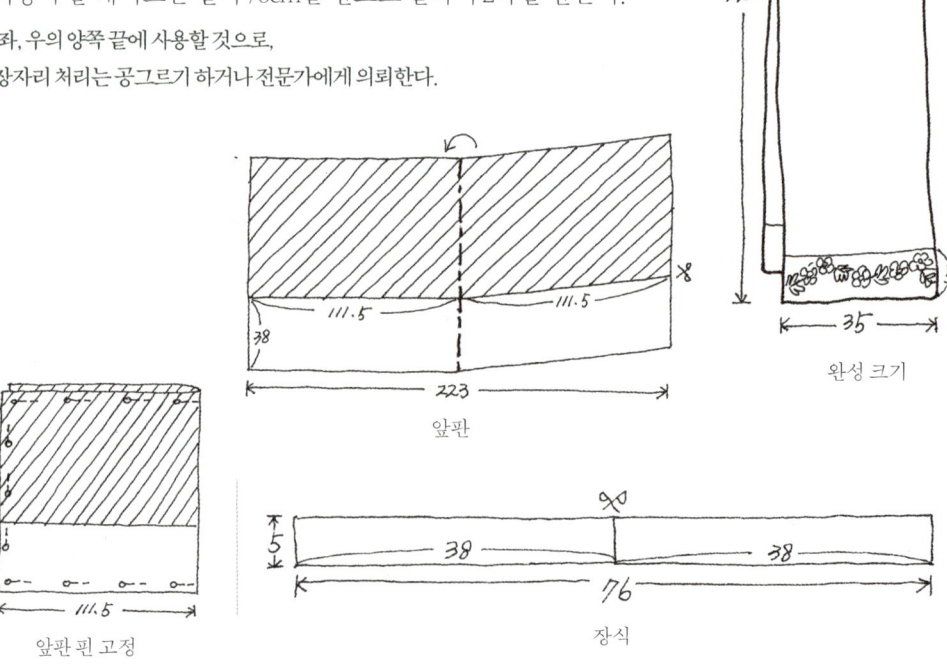

생고사 솔

크기 : 길이 210 × 폭 50 cm

재료준비

솔 앞판

〈가〉 숙고사 검정색 : 1마
(재단 길이 48 × 폭 53 cm)

〈나〉 숙고사 겨자색 : 1마
(재단 길이 8 × 폭 53 cm)

〈다〉 명주 금박 자주색 : 1마
(재단 길이 28 × 폭 53 cm)

〈라〉 생고사 백색 : 1.5마
(재단 길이 138 × 폭 53 cm)

솔 뒤판 생고사 백색 : 2.5마 (재단 길이 213 × 폭 53 cm)

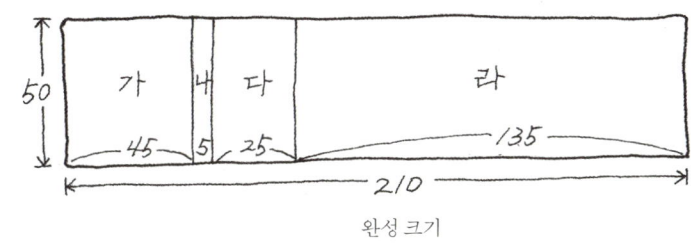

완성 크기

재단하기

앞판

〈가〉 길이 48cm, 폭 53cm로 자른다.

〈나〉 길이 8cm, 폭 53cm로 자른다.

〈다〉 길이 28cm, 폭 53cm로 자른다.

〈라〉 길이 138cm, 폭 53cm로 자른다.

뒤판 길이 213cm, 폭 53cm로 자른다.

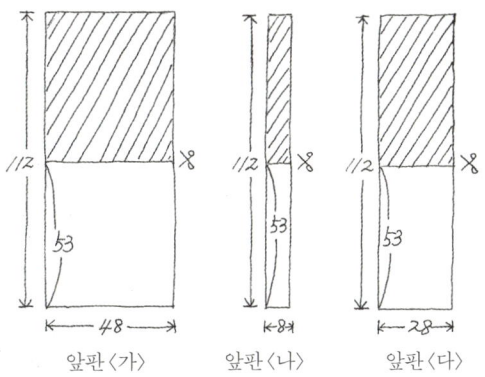

앞판〈가〉 앞판〈나〉 앞판〈다〉

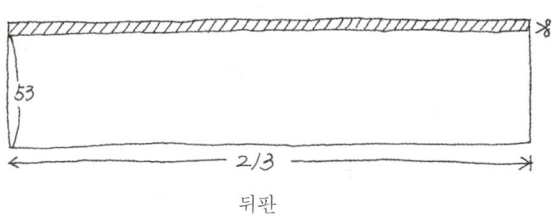

뒤판

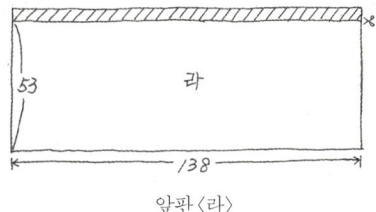

앞판〈라〉

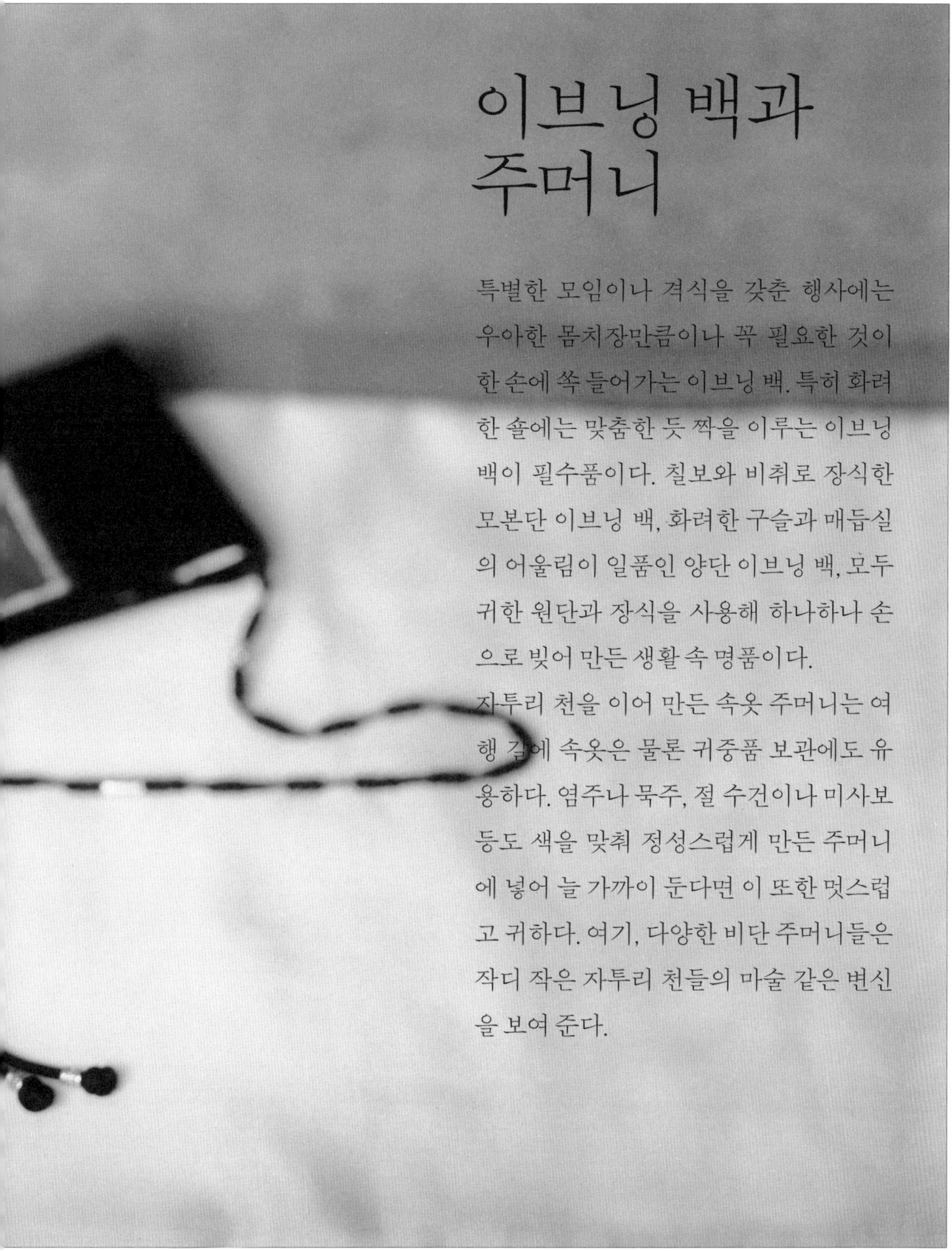

이브닝 백과
주머니

특별한 모임이나 격식을 갖춘 행사에는
우아한 몸치장만큼이나 꼭 필요한 것이
한 손에 쏙 들어가는 이브닝 백. 특히 화려
한 솔에는 맞춤한 듯 짝을 이루는 이브닝
백이 필수품이다. 칠보와 비취로 장식한
모본단 이브닝 백, 화려한 구슬과 매듭실
의 어울림이 일품인 양단 이브닝 백, 모두
귀한 원단과 장식을 사용해 하나하나 손
으로 빚어 만든 생활 속 명품이다.

자투리 천을 이어 만든 속옷 주머니는 여
행 길에 속옷은 물론 귀중품 보관에도 유
용하다. 염주나 묵주, 절 수건이나 미사보
등도 색을 맞춰 정성스럽게 만든 주머니
에 넣어 늘 가까이 둔다면 이 또한 멋스럽
고 귀하다. 여기, 다양한 비단 주머니들은
작디 작은 자투리 천들의 마술 같은 변신
을 보여 준다.

검정 이브닝 백

크기 : 길이 25×폭 18cm

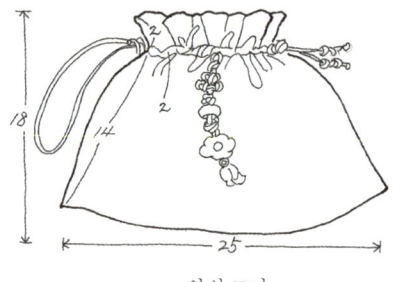

재료 준비

이브닝 백 앞, 뒤판

〈가〉 모본단 검정색 : 1마 (재단 길이 28×폭 39cm)

*앞, 뒤를 이어서 사용한다.

백 안감

〈나〉 숙고사 촌분홍색 : 1마 (재단 길이 28×폭 39cm)

*앞, 뒤를 이어서 사용한다.

백 여밈 끈 가는 검정색 가죽끈

또는 노리개 중사실 (지름 0.5cm) 90cm

장식 비취, 옥, 은, 칠보 등 다양한 장식 자유롭게 선택

자만옥, 밀화 적당 크기 2개

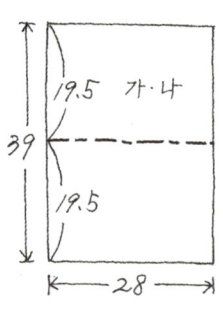

완성 크기

재단하기

앞, 뒤판

〈가〉는 길이 28cm는 그대로 사용하고,

폭은 39cm를 반으로 접어 사용한다.

*백의 앞, 뒤판에 접착심지를 붙여도 된다.

안감 〈나〉는 앞판과 같이 한다.

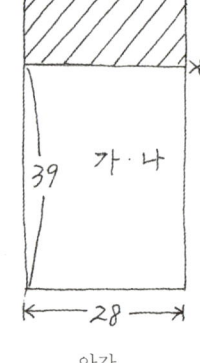

앞, 뒤판   안감

만들기

앞판 〈가〉는 길이는 그대로 두고, 원단의 앞면을 맞대고 뒤집어

원단의 뒷면이 위로 오게 한다. 좌, 우 양쪽으로 각각

시접을 1.5cm씩 남기고 합폭한다. (참고 : 오른쪽 그림)

백 안감 〈나〉도 위의 앞판 〈가〉와 같은 방법으로 합폭한다.

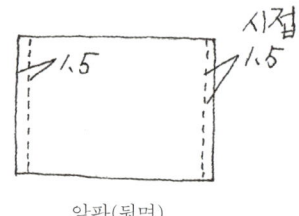

앞판(뒷면)

앞판과 안감 합폭하기

1. 합폭한 〈가〉를 뒤집어 백의 앞판이 위로 오게 한다.

2. 그 위에 안감을 박음질한 상태로 백 앞판의 밑을 잡고
뒤집은 상태의 백 안감 속으로 밀어 넣는다.

3. 사진처럼 백 앞판과 백 안감을 시침질해서
시접 1.5cm를 남기고 합폭한다.

4. 합폭시 창구멍을 10cm 남기고 남긴 창구멍으로
백 앞판을 빼낸다.

5. 사진과 같이 백의 앞판과 안감을 합폭한 후 다림질한다.

6. 백의 안감〈나〉를 백의 앞판〈가〉 속으로 밀어 넣고
손질한 후 창구멍을 공그르기로 마무리한다.

1,2

3

여밈 끈 넣는 곳 만들기

백 윗부분의 끝에서 2.5~3cm를 띄고
백의 앞판과 안감을 함께
좌측에서부터 검정색 실로 돌아가며
박는다. 바로 그 밑으로 1.5cm 띄고
위와 같이 한 번 더 박아 백의 여밈 끈이 들어갈 공간을 마련한다.

4

여밈 끈 넣기

준비한 실이나 가죽끈을 여밈 끈 넣는 공간으로 넣어서
빼낸다.

5

여밈 끈 완성하기

백의 좌측이나 우측 한쪽을 손잡이로 만든다.

우선 손잡이 여유를 10cm 가량 남기고
끝에서 두 가닥의 실을 한데 묶어 백의 입구를 묶어주도록 한다.

백 중앙과 여밈 끈 장식 달기

백의 중앙에 준비한 장식을 단다.

각각 양쪽 끈 끝에는 구슬 모양의 자만옥, 비취, 밀화 등을 달아
고급스러움을 더한다.

6

구슬 달린 이브닝 백

크기 : 길이 23×폭 13cm

재료준비

이브닝 백 앞, 뒤판

무늬 양단 : 1마 (재단 길이 26 ×폭 29cm)

백 안감

명주 베이지색 : 1마 (재단 길이 26×폭 29cm)

장식

구슬 달린 테이프 (길이 12×폭 11cm)

* 구입 또는 직접 만든다.

백 여닫이 장식 부분 마감

접착심지 (길이 8×폭 8cm)

백 안쪽 마감

접착심지 (길이 23×폭 26cm)

백 끈

가는 가죽끈, 매듭실 중사 검정색 30cm

백 여밈 똑딱단추

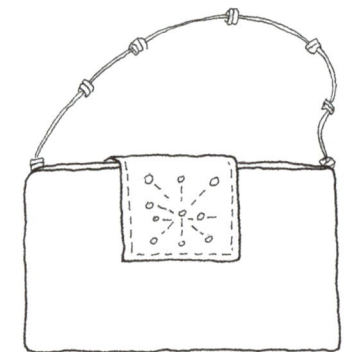

재단하기

앞, 뒤판 길이는 26cm, 폭은 29cm로 재단한다.

안감 앞, 뒤판과 같이 재단한다.

장식 길이 12 cm, 폭 11cm로 재단한다.

접착심지 (장식 부분 마감) 길이 8cm, 폭 8cm 그대로 사용한다.

접착심지 (안쪽 마감) 길이 23cm, 폭 26cm 그대로 사용한다.

* 준비한 장식(구슬 테이프)과 백 앞, 뒤판 (무늬 양단)의 뒤에
   각각 1cm를 띄고 접착심지를 붙인다.

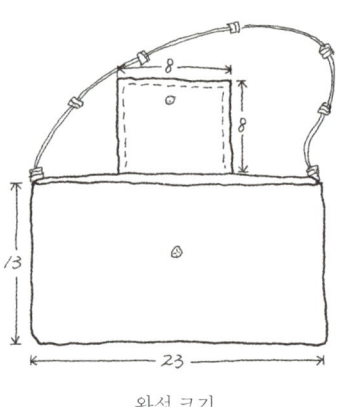

완성 크기

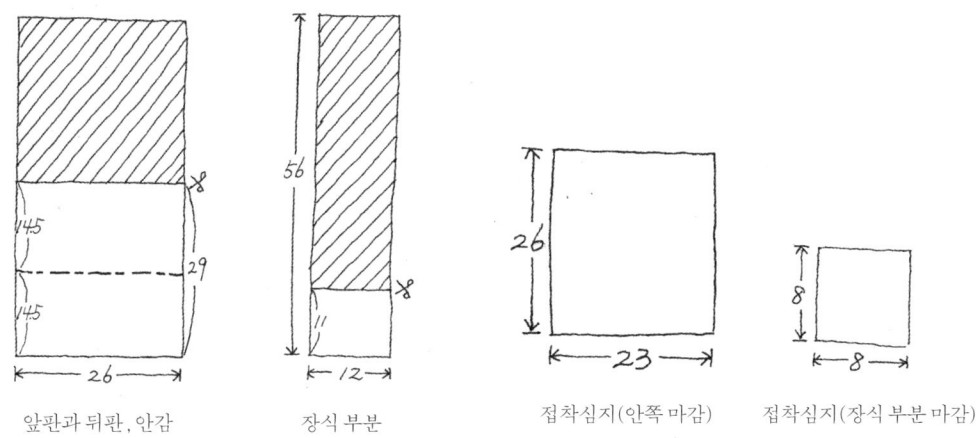

앞판과 뒤판, 안감   장식 부분   접착심지(안쪽 마감)   접착심지(장식 부분 마감)

만들기

앞, 뒤판 만들기

재단된 앞, 뒤판을 준비한다. 겉면을 뒤집어 뒷면 쪽에 접착심지를 붙인다.

완성 크기는 길이 23cm, 폭 26cm이다. 접착심지를 붙인 백의 앞, 뒤판을 반으로 접어

좌, 우를 합폭한다.(참고 : 접착심지 붙이기 56p)

안감 만들기

앞, 뒤판과 같은 방법으로 합폭한다

앞, 뒤판과 안감 합폭하기

완성된 앞, 뒤판의 뒷면과 안감의 뒷면을 마주 대고

이브닝 백의 위쪽 끝에서 합폭한다.

장식 달기

합폭된 백의 뒷면 중앙에 백 장식을 박음질한다.

백의 안감과 장식 부분은 각각 감침질로 마무리한다.(참고 : 감침질 52p)

백 여밈 완성하기

백의 장식 끝에서 1cm 정도 안쪽 중앙에 똑딱단추의 볼록한 부분을 달고,

백의 앞판에 똑딱단추의 오목 부분을 단다.

백 끈 달기

준비한 가죽끈, 혹은 매듭실을 백의 양쪽 끝에 손바느질로 단다.

비단 속옷 주머니

크기 : 길이 40×폭 30cm

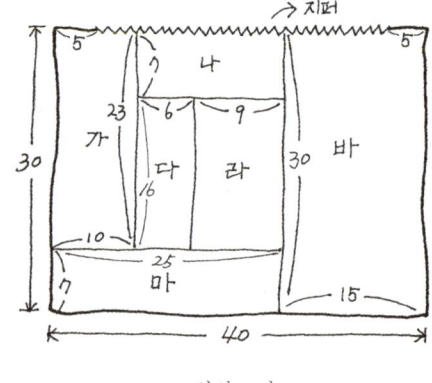

재료 준비

주머니 앞판

〈가〉모본단 밤색 : 1마 (재단 길이 13×폭 26cm)

〈나〉모본단 쪽색 : 1마 (재단 길이 18×폭 10cm)

〈다〉모본단 벽돌색 : 1마 (재단 길이 9×폭 19cm)

〈라〉모본단 은행색 : 1마 (재단 길이 12×폭 19cm)

〈마〉모본단 팥색 : 1마 (재단 길이 28×폭 10cm)

〈바〉모본단 진회색 : 1마 (재단 길이 18cm×폭 33cm)

주머니 뒤판

모본단 베이지색 : 1마 (재단 길이 43×폭 33cm)

주머니 안감

물공단 베이지색 : 1마 (재단 길이 43×폭 33cm)

지퍼

베이지색 30cm

완성 크기

재단하기

앞판

〈가〉는 길이 13cm, 폭 26cm로 자른다.

〈나〉는 길이 18cm, 폭 10cm로 자른다.

〈다〉는 길이 9cm, 폭 19cm로 자른다.

〈라〉는 길이 12cm, 폭 19cm로 자른다.

〈마〉는 길이 28cm, 폭 10cm로 자른다.

〈바〉는 길이 18cm, 폭 33cm로 자른다.

뒤판 길이 43cm, 폭 33cm로 자른다.

안감 길이 43cm, 폭 33cm로 자른다.

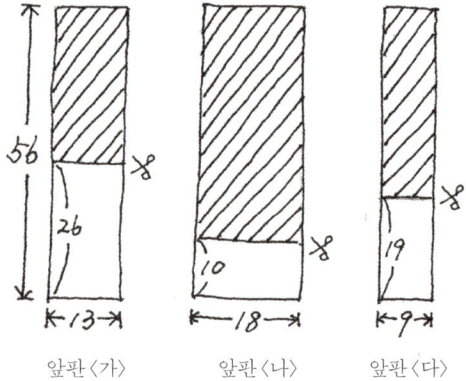

앞판〈가〉　　　앞판〈나〉　　　앞판〈다〉

만들기

앞판 합폭하기

재단된 〈다〉와 〈라〉를 합폭한다.

합폭된 〈라〉와 〈나〉를 합폭한다.

합폭된 〈나〉와 〈가〉를 합폭한다.

합폭된 〈가〉와 〈마〉를 합폭한다.

합폭된 〈마〉와 〈바〉를 합폭한다.

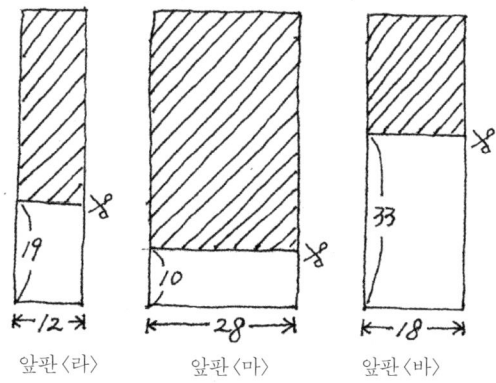

앞판〈라〉　　　앞판〈마〉　　　앞판〈바〉

안감 대기

합폭된 앞판의 뒷면에

준비한 안감을 마주 대고 합폭한다.

앞판은 여러 조각으로 이어 붙였기 때문에

따로 안감을 대는 것이 좋다.

지퍼 달기

앞, 뒷판 합폭 전에 지퍼를 단다.

완성된 앞판과 재단된 뒷판을 뒷면이 위로 오게 준비한다.

앞판의 윗부분과 뒷판의 윗부분을 마주하고

준비한 지퍼를 댄 후 길이에 맞춰서 핀으로 고정한다.

지퍼를 박아준다. (참고 : 지퍼 달기 ① 54p)

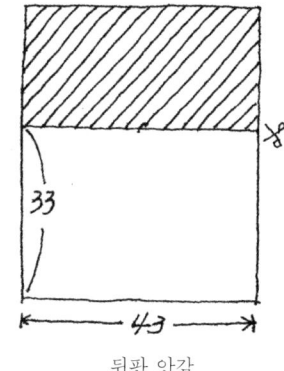

뒷판, 안감

앞, 뒷판 합폭하기

미리 지퍼를 달아 둔 주머니 앞판과 뒷판을 합폭한다.

뒤집기

열린 지퍼로 사이로 앞판과 뒷판을 빼낸 후

솔기를 다듬고 다림질한다.

염주, 묵주 주머니

크기 : 길이 25 × 폭 19cm

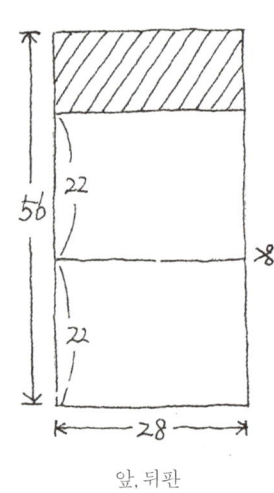

재료 준비

주머니 앞, 뒤판

모본단 쪽색 : 1마 (재단 길이 28 × 폭 44cm)

주머니 안감 물공단 베이지색 : 1마 (재단 길이 28 × 폭 41cm)

주머니 가장자리(바이어스 테이프)

물공단 베이지색 : 1마 (재단 길이 65 × 폭 65cm)

파이핑 실 가는 백색 65cm

*바이어스 테이프는 안감을 사용하고 남은 원단을 이용한다.

주머니 끈

지금까지 사용하고 남은 모본단 길이 40 × 폭 4cm

주머니 끈 장식

굵은 구슬 2알, 또는 진주알 2알

지퍼 쪽색 30cm

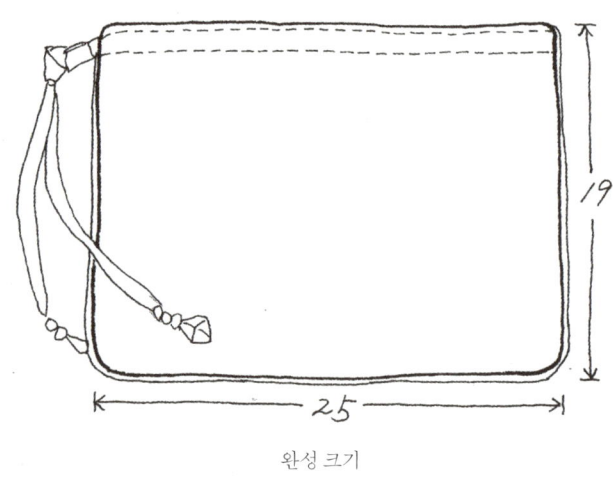

완성 크기

앞, 뒤판

재단하기

앞, 뒤판

길이 28cm에서 폭 22cm로 2번 자르면 앞판과 뒤판 2쪽이 나온다.

안감

길이는 28cm, 폭 41cm로 자른다.(접어서 사용한다)

바이어스 테이프, 파이핑 만들기

주머니 안감을 재단하고 남은 원단을 사용해 바이어스 테이프를 만든다.

바이어스 테이프는 길이 65×폭 65cm의 정사각형 원단을 사선 방향으로 반듯하게 자른다.

테이프 폭은 3~4cm로 한다.

* 바이어스 테이프를 펴 놓고 그 위에 파이핑 실을 얹어 감싸 재봉틀로 박는다.
  미리 시침질한 후 박으면 한결 수월하다.(참고 : 바이어스 테이프 만들기, 파이핑하기 56p)

끈

남은 원단 중 길이 40cm, 폭 4cm로 2쪽씩 잘라 둔다.

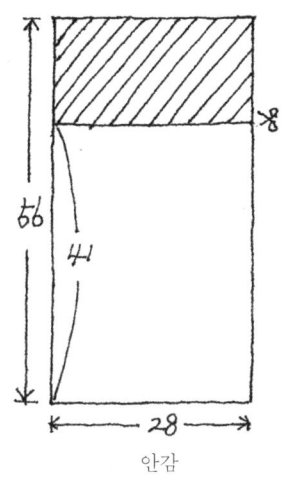

안감

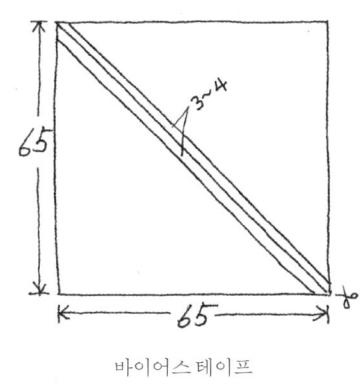

바이어스 테이프

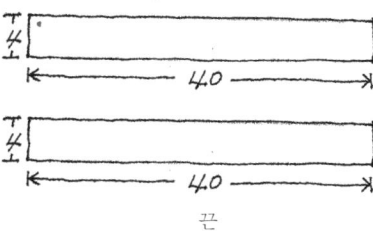

끈

휴지 주머니

크기 : 길이 20 × 폭 16cm

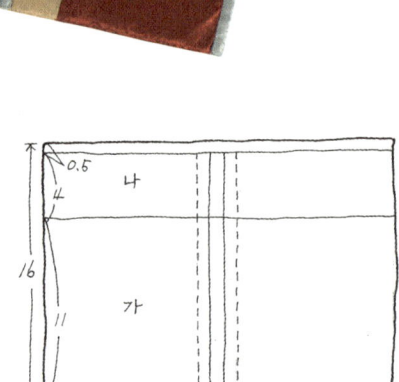

재료준비

주머니 앞판

〈가〉 양단 벽돌색 : 1마 (재단 길이 45 × 폭 14cm)

〈나〉 양단 황금색 : 1마 (재단 길이 45 × 폭 7cm)

주머니 가장자리 (바이어스 테이프)

양단 쑥색 : 1마 (재단 길이 45 × 폭 45cm)

주머니 안쪽 처리

접착심지 얇은 것 (길이 45 × 폭 15cm)

재단하기

앞판

〈가〉는 길이 45cm, 폭 14cm로 재단한다.

〈나〉는 길이 45cm, 폭 7cm로 재단한다.

바이어스 테이프

길이 45 × 폭 45cm 원단을 사선 방향으로 자른다.

테이프 폭은 4cm로 한다. (참고 : 바이어스 테이프 만들기 56p)

접착심지 (안쪽 처리)

길이 45cm, 폭 15cm로 자른다.

완성 크기

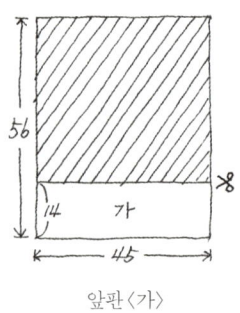

앞판 〈가〉

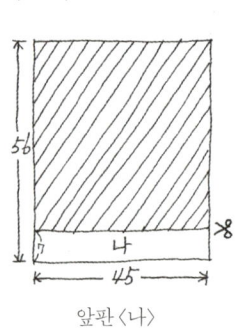

앞판 〈나〉

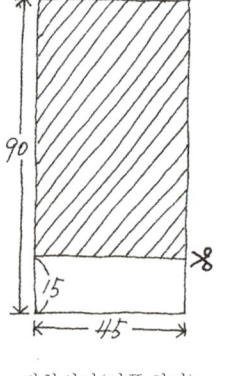

접착심지 (안쪽 처리)

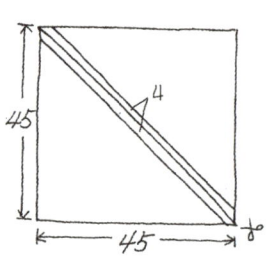

바이어스 테이프

아기 용품

아기싸개

아기 요

아기이불

아기 베개

* 재단 그림의 숫자는 시접 3cm(상하, 또는 좌우로 1.5cm씩)를 포함한 치수입니다.
* 단위는 모두 cm 기준입니다.

아기싸개

아기싸개는 태어나 처음 바깥 바람을 쐬는 아기에게 첫 외출복과도 같다. 여름에는 생고사로, 겨울에는 모본단과 양단으로 가볍고 포근하게 만든다. 물 빨래가 쉽고 관리하기 편한 면과 레이스도 아기싸개에 훌륭한 소재다.

나들이와 외출이 잦아질수록 아기싸개의 역할도 커진다. 부드럽게 감싸 안고 낯선 환경과 외부 공기로부터 아기를 보호하는 것은 기본. 여기에 모자를 달아 실용성을 높이거나 색색의 비단으로 꾸미고 사랑스러운 레이스로 장식해 엄마의 정성과 배려를 담는다.

귀퉁이 장식 아기싸개

크기 : 길이 85 × 폭 85cm

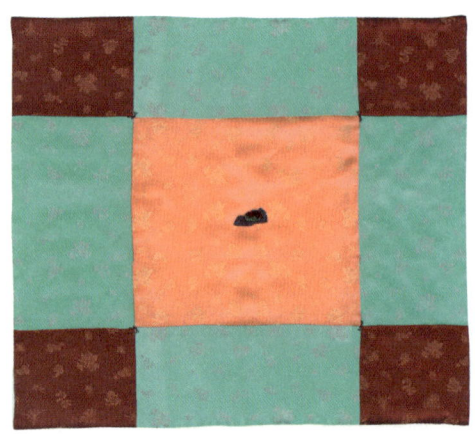

재료 준비

아기싸개 앞판

〈가〉

모본단 연분홍색 : 1마 (재단 길이 56 × 폭 56cm)

〈나 상, 하, 좌, 우〉

모본단 비취색 : 1.5마 (재단 길이 94 × 폭 56cm)

〈다 1, 2, 3, 4〉

모본단 자주색 : 1마 (재단 길이 38 × 폭 38cm)

아기싸개 뒤판

명주 미색 : 1마 (재단 길이 88 × 폭 88cm)

아기싸개 속

퀼팅솜 3온스 1마 (재단 길이 88 × 폭 88cm)

장식 술 1개

*술 장식은 직접 만들어도 되고, 다른 장식을 구입해 사용해도 된다.

(참고 : 술만들기 62p)

재단하기

앞판

〈가〉는 그대로 사용한다.

〈나 상, 하〉는 길이 56cm에서 폭 19cm씩 2쪽을 자른다.

〈나 좌, 우〉는 길이 38cm에서 반을 접어 자르면
19cm가 된다. 폭은 56cm 그대로 사용한다.

〈다 1, 2, 3, 4〉는 길이 38cm에서 반으로 자르고
폭에서 19cm씩 2쪽 2번 자르면 4쪽이 나온다.

뒤판 길이 88cm, 폭 88cm 자른다.

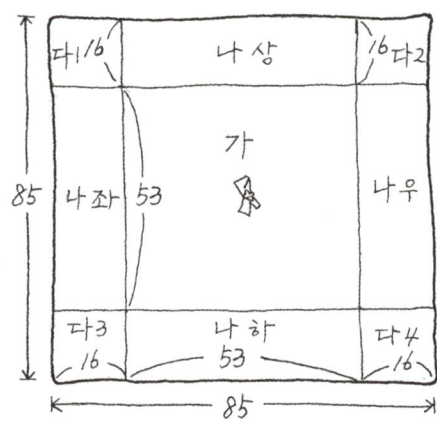

완성 크기

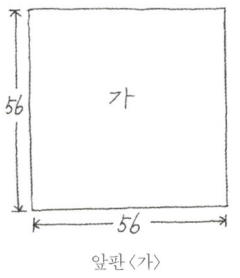

앞판〈가〉

속(퀼팅솜) 뒤판과 같이 재단한다.

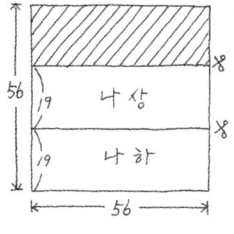

앞판〈나 상, 하〉

만들기

앞판 합폭하기

〈다 1〉과〈나 상〉을 합폭하고, 이어서〈다 2〉를 합폭한다.

〈나 좌〉과〈가〉를 합폭하고 이어서〈나 우〉를 합폭한다.

〈다 3〉과〈나 하〉를 합폭하고,〈다 4〉를 합폭한다.

합폭된〈다 1〉과〈나 좌〉를 줄 맞추어 합폭하고,

여기에〈다 3〉을 합폭해 앞판을 완성한다.

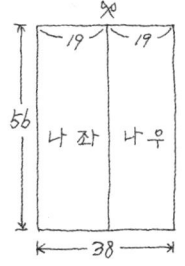

앞판〈나 좌, 우〉

앞, 뒤판 합폭하기

재단된 뒤판을 준비한다.

뒤판 위에 완성된 앞판을 엎어 놓고 합폭한다.

이때 합폭은〈다 1〉끝에서 시작해

〈다 2〉,〈다 4〉,〈다 3〉끝으로 시계 방향으로 박아나간다.

〈다 3〉에서〈나 좌〉끝까지 모두 박기 전

15cm 남겨 창구멍을 만든다.(참고 : 창구멍 내기 54p)

퀼팅솜 박기

재단된 퀼팅솜을 준비한다. 완성된 앞, 뒤판 위에 퀼팅솜을 엎은 후 앞, 뒤판 합폭과 같은 순서로 박음질한다.

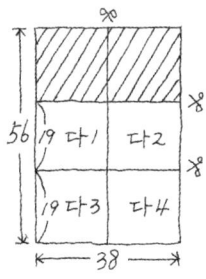

앞판〈다 1, 2, 3, 4〉

뒤집기

창구멍으로 아기싸개의 앞판과 뒤판을 빼낸다.

솔기를 손질하고 열린 창구멍은

공그르기로 마무리한다.(참고 : 공그르기 52p)

장식 달기

〈가〉의 중앙 부분에 준비한 술 장식을 단다.

마무리하기

아기싸개의 네 귀퉁이와 가장자리 부분을 다듬고 다림질한다.

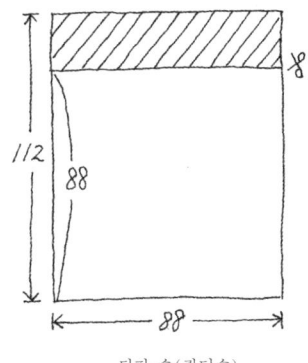

뒤판, 속(퀼팅솜)

4색 줄무늬 아기싸개

크기 : 길이 85 × 폭 85cm

재료준비

아기싸개 앞판

〈가〉모본단 남색 : 1마 (재단 길이 88 × 폭 56cm)

〈나〉모본단 연보라색 : 1마 (재단 길이 88 × 폭 16cm)

〈다〉모본단 비취색 : 1마 (재단 길이 88 × 폭 13cm)

〈라〉모본단 꽃분홍색 : 1마 (재단 길이 88 × 폭 13cm)

아기싸개 뒤판

명주 미색 : 1마 (재단 길이 88 × 폭 88cm)

아기싸개 속

퀼팅솜 3온스 1마 (재단 길이 88 × 폭 88cm)

장식 쌍국화 장식판

* 쌍국화 장식판은 직접 만들어도 되고,
다른 장식을 구입해 사용해도 된다.
(참고 : 쌍국화 만들기 61p, 쌍국화 장식판 만들기 63p)

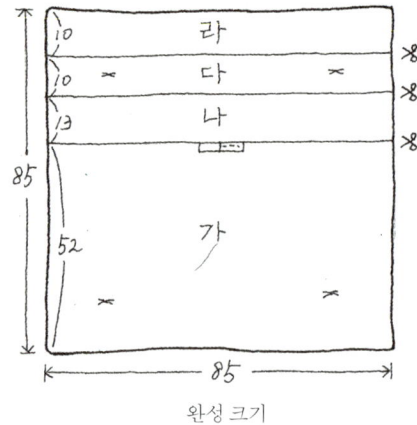

완성 크기

재단하기

앞판 〈가〉는 길이 88cm, 폭은 그대로 사용한다.

〈나〉는 길이 88cm, 폭 16cm로 자른다.

〈다〉, 〈라〉 길이 88cm, 폭 13cm씩 자른다.

뒤판

길이 88cm,
폭 88cm로 자른다.

속(퀼팅솜)

뒤판과 같은 크기로
재단한다.

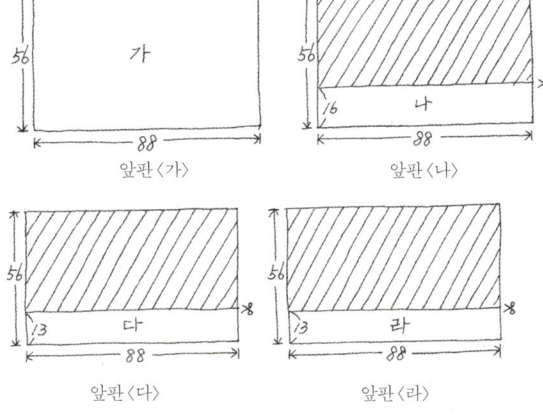

앞판〈가〉

앞판〈나〉

앞판〈다〉

앞판〈라〉

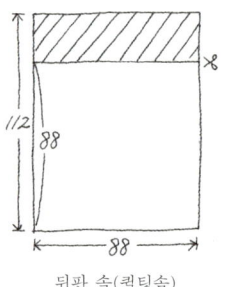

뒤판, 속(퀼팅솜)

면 레이스 아기싸개

크기 : 길이 80×폭 80cm

재료 준비

아기싸개 앞, 뒤판

〈가〉 목공단 분홍색 : 2마 (재단 길이 166×폭 83cm)

앞판 레이스 부분

〈나〉 면 레이스 백색 : 1마 (재단 길이 73×폭 73cm)

가장자리 장식

〈다〉 면 또는 나일론 테이프 백색 : 3.5마 (재단 길이 290×폭 5cm)

속 퀼팅솜 3온스 1마 (재단 길이 83×폭 83cm)

장식 장식용 레이스, 진주알 1개

재단하기

앞, 뒤판 〈가〉는 길이 166cm를 반으로 잘라

2쪽을 만들어 앞, 뒤판으로 사용한다. 폭은 83cm로 한다.

앞판 레이스 부분 〈나〉는 길이 73cm, 폭 73cm로 자른다.

가장자리 장식 〈다〉는 테이프 길이 그대로 사용한다.

속(퀼팅솜) 길이 83cm, 폭 83cm로 한다.

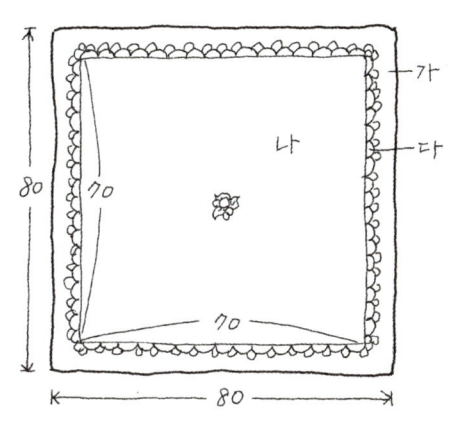

완성 크기

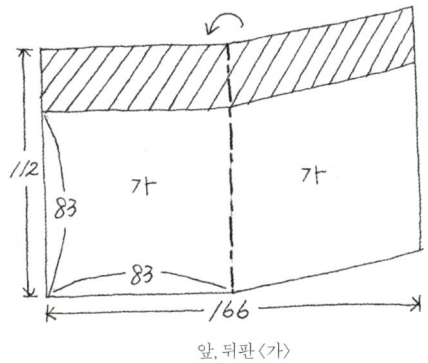

앞, 뒤판〈가〉

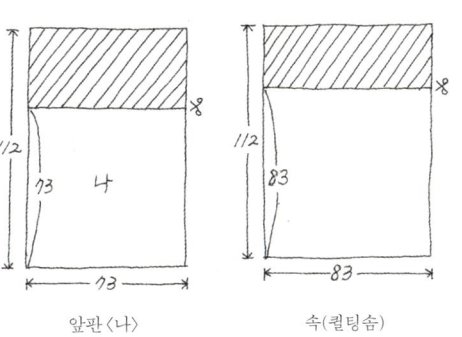

앞판〈나〉   속(퀼팅솜)

모자 달린 아기싸개

크기 : 길이 77 × 폭 38cm (한쪽 넓이)

재료준비

아기싸개 앞판

〈가〉 모본단 연분홍색 : 1마
(재단 길이 82 × 폭 48cm)

〈나〉 모본단 초록색 : 1마
(재단 길이 82 × 폭 18cm)

〈다〉 모본단 벽돌색 : 1마
(재단 길이 82 × 폭 20cm)

아기싸개 안감

명주 미색 : 1마
(재단 길이 82 × 폭 80cm)

아기싸개 속

퀼팅솜 3 1마
(재단 길이 82 × 폭 80cm)

지퍼 백색 40cm

장식 손수 사각 장식판 (5 × 5cm)

* 손수 사각 장식판은 직접 만들어도 되고,
  다른 장식을 구입해 사용해도 된다.
  (참고 : 손수 사각 장식판 만들기 63p)

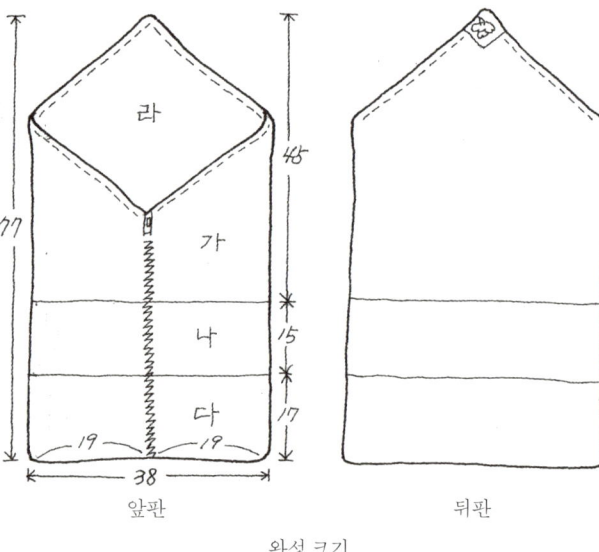

완성 크기

재단하기

앞판 〈가〉는 길이 82cm, 폭 48cm로 자른다.

〈나〉는 길이 82cm, 폭 18cm로 자른다.

〈다〉는 길이 82cm, 20cm로 자른다.

안감 길이 82cm, 폭 80cm로 자른다.

속(퀼팅솜) 안감과 같은 크기로 재단한다.

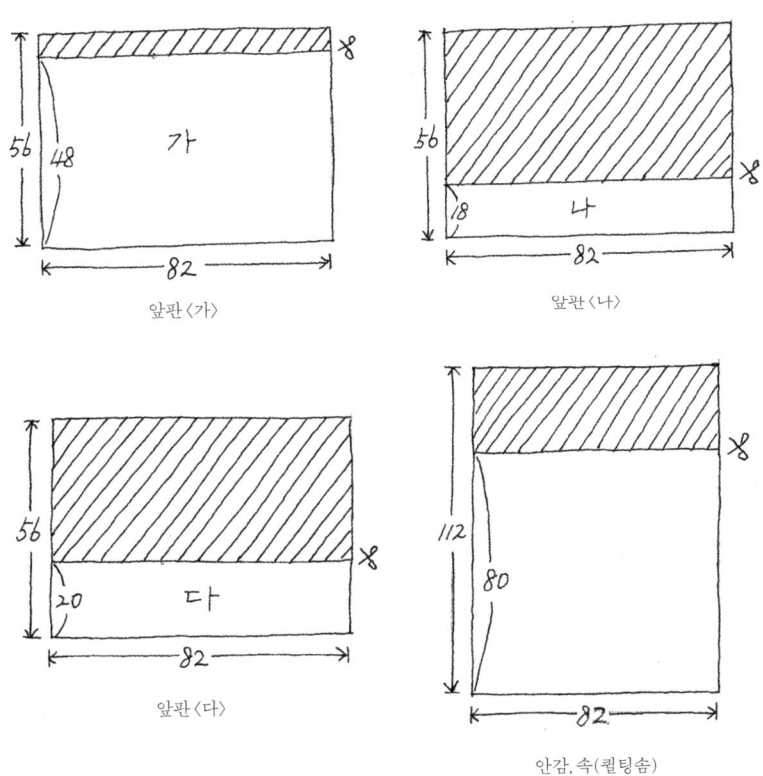

앞판 〈가〉

앞판 〈나〉

앞판 〈다〉

안감, 속(퀼팅솜)

아기 요

이부자리는 아기 건강을 위한 첫 번째의 요소. 아기 요의 홑청은 실용적인 목공단을, 욧솜은 적당한 두께감의 목화솜을 사용한다. 땀을 많이 흘리는 아기를 위해 요의 홑청은 2~3개 여유 있게 마련해 두고 자주 갈아 준다. 단추 홑청은 홑청 갈 때의 번거로움을 줄여 준다. 만들기는 어려워도 관리는 훨씬 편해졌다. 아기 요의 색상은 삼원색과 색동을 사용해 귀여움과 함께 자연과의 조화로움을 추구하고 건강한 성장을 기원하는 마음도 담는다.

세 줄 색동 요

크기 : 길이 120×폭 100cm

재료준비

요 앞판

〈가1,2〉양단 비취색 : 2.5마

(재단 길이 200×폭 40cm, 2쪽)

〈나 1, 2〉양단 진달래색 : 1.5마

(재단 길이 100×폭 5cm, 2쪽)

〈다〉양단 남색 : 1.5마 (재단 길이 100×폭 5cm)

홑청

〈1〉목공단 백색 : 1.5마

(재단 길이 123×폭 103cm)

〈2 상, 하, 좌, 우〉목공단 백색 : 1.5마 (재단 길이 112×폭 88cm)

*홑청〈1〉은 몸에 직접 닿는 부분이고, 홑청〈2 상, 하, 좌, 우〉는 단춧구멍 뚫을 앞판 홑청 4쪽이다.

단추 18개

욧속 목화솜 3~4장 두께 (길이 123×폭 103cm)

* 욧속은 완성 크기보다 3~4cm 더 커야 한다. 동대문종합시장이나 광장시장 솜 집에 의뢰, 주문한다.

재단하기

앞판

〈가 1, 2〉는 길이 200cm를 반 접어 자르고 포개서 핀 꽂는다. 폭에서 40cm를 자르면 2쪽이 나온다.

〈나 1, 2〉는 길이 100cm, 폭은 5cm씩 2번 자른다.

〈다〉도 길이 100cm, 폭은 5cm로 자른다.

홑청 〈1〉길이123cm,, 폭 103cm로 자른다.

홑청 〈2 상, 하, 좌, 우〉

〈좌, 우〉부터 재단한다. 길이 112cm에서 폭을 22cm로 2번 자른다.

〈상, 하〉는 길이는 92cm로 자르고, 폭을 22cm로 2번 자른다.

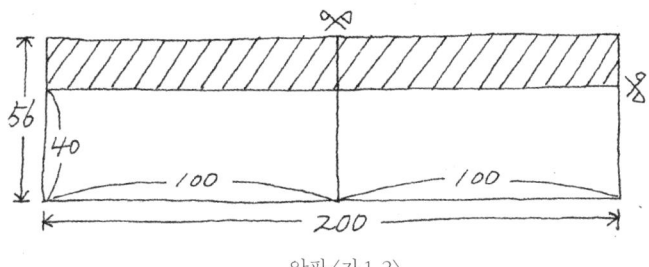

앞판〈가 1, 2〉

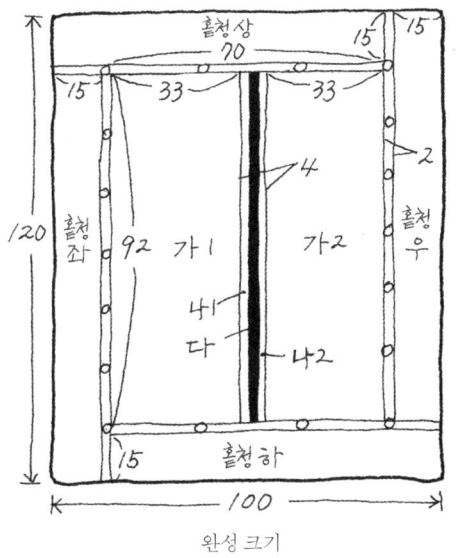

완성 크기

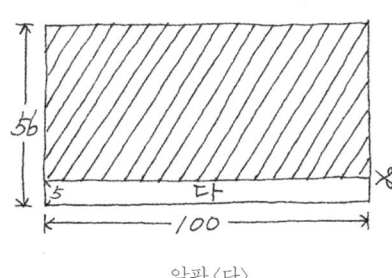

앞판〈나 1, 2〉

앞판〈다〉

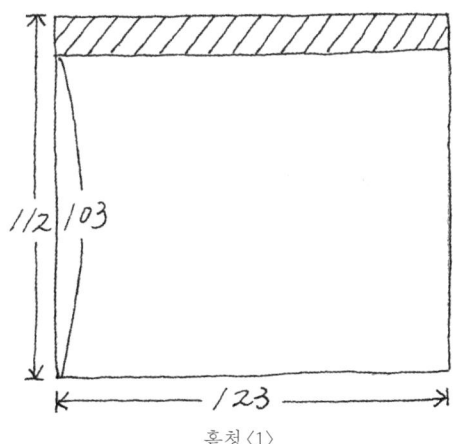

홑청〈1〉

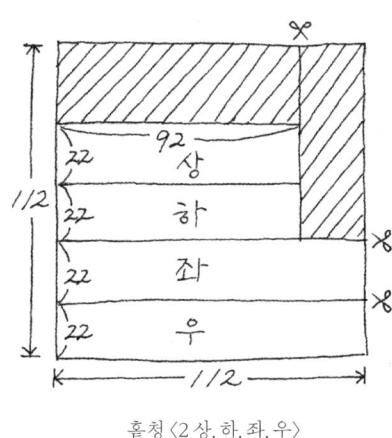

홑청〈2 상, 하, 좌, 우〉

만들기

요 앞판 만들기

1. 가운데 세 줄 색동 부분부터 합폭을 시작한다. 〈나 1〉과 〈다〉를 길이로 합폭한다. 이어서 〈나 2〉도 길이로 합폭한다.

2. 〈가 1〉과 합폭된 세 줄 색동 부분〈나 1, 다, 나 2〉를 길이로 합폭한다. 이어서 나머지 〈가 2〉도 합폭한다. 요 앞판이 완성되었다.

3. 합폭된 앞판에 단추 달 곳을 만들어 둔다. 요 앞판의 상, 하, 좌, 우 가장자리 부분을 시접 2cm 넓이로 꺾어 접고 다시 한 번더 꺾어 접어(4cm) 눌러 박는다. 사방 모두 겹이 되도록 한다. 이때 박음질 부분을 다림질해 두면 더 깔끔하다.

* 요 앞판의 단추를 달아 줄 부분이므로 튼튼해야 한다.
 따라서 두번 겹 박아준다.

홑청 〈1〉 준비하기

홑청 〈1〉은 재단 치수 그대로 준비한다.

홑청 〈2 상, 하, 좌, 우〉 겹 박기

1. 홑청 〈2 상, 하〉는 길이는 그대로 두고
폭 한쪽에서 시접을 2cm로 꺾어 접은 다음
다시 한 번 더 꺾어 접어 겹을 만든다.
그 위를 0.5cm 띄고 눌러 박는다.

2. 홑청 〈2 좌, 우〉도 길이는 그대로 두고
홑청 〈2 상, 하〉와 똑같은 방법으로 눌러 박아
겹이 되도록 한다.

* 홑청의 단춧구멍을 뚫어 줄 부분이므로 튼튼해야 한다.
 따라서 두번 겹 박아 준비한다.

홑청 〈2 상, 하, 좌, 우〉 합폭하기

겹 박아 둔 홑청 〈2 상, 하, 좌, 우〉를 합폭한다.
이때 단춧구멍 뚫을 곳을 요 앞판의 안쪽으로 하고 박는다.
합폭 순서는 다음과 같이 한다.

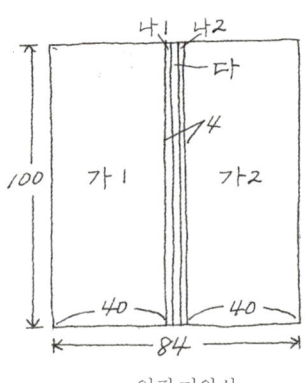

앞판 미완성

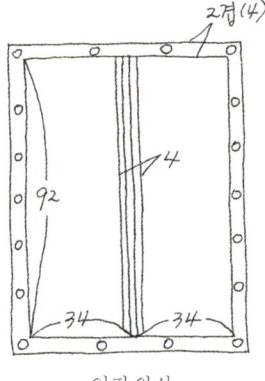

앞판 완성

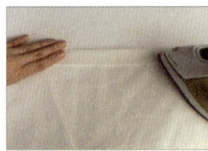
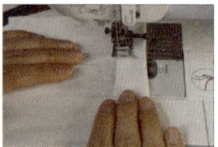

홑청 〈2 상, 하, 좌, 우〉를 2번 꺾어 접은 후에
시접을 눌러 박는다.

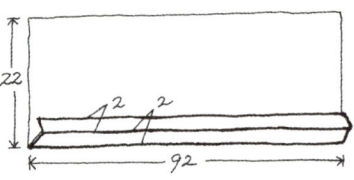

홑청 〈2 상, 하, 좌, 우〉
2번 꺾어 접어 시접을 겹 박는다.

1. 홑청〈2 상〉좌측 끝과

홑청〈2 좌〉상측의 끝을 합폭한다.

이때 단춧구멍을 뚫기 위해 2cm 겹으로 박은 곳이

홑청〈2 상〉에서는 밑으로 오고, 홑청〈2 좌〉에서는

우측으로 오게 한다.

2. 홑청〈2 상〉우측 끝과 홑청〈2 우〉상측 끝을 합폭한다.

2cm 겹으로 박은 곳이 좌측으로 오게 한다.

3. 홑청〈2 우〉하와 홑청〈2 하〉우 끝을 합폭한다.

겹으로 박힌 곳이 상측으로 오게 한다.

4. 홑청〈2 좌〉하 끝과 홑청〈2 하〉좌 끝을 합폭한다.

겹으로 박힌 곳이 상측으로 오게 한다.

홑청〈2 상, 하, 좌, 우〉가 완성되었다.

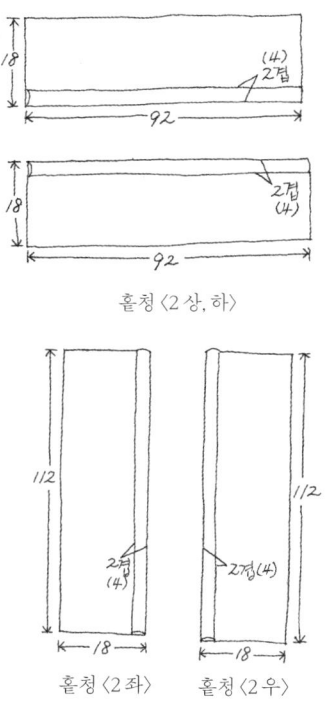

홑청〈2 상, 하〉

홑청〈2 좌〉　　홑청〈2 우〉

단춧구멍 만들기와 단추 달기

1. 요 앞판에는 단추 달 곳을 홑청〈2 상, 하, 좌, 우〉에는

단춧구멍을 표시한다. 완성된 앞판에 홑청〈2 상, 하, 좌, 우〉를

올려 놓는다. 요 앞판의 단추를 달아 줄 부분과 홑청의

단춧구멍 뚫어 줄 부분이 포갰을 때 서로 일치해야 한다. 따라서 요 앞판과 홑청의 중앙과

네 귀퉁이를 잘 맞추어 준 후 시침 핀으로 고정하고, 각각 단추 달 곳과 단춧구멍 뚫을 곳을

색연필로 표시한다. 이때 단춧구멍은 홑청〈2 좌, 우〉에 7개씩, 홑청〈2 상, 하〉중앙 부분에

2개씩 총 18개를 표시한다. 단춧구멍의 간격은 15～16cm로 한다.

2. 홑청〈2 상, 하, 좌, 우〉에 표시해 둔 단춧구멍을 뚫어 준다. (참고 : 단춧구멍 만들기 55p)

3. 준비해 둔 요 앞판에 단춧구멍의 간격에 맞추어 단추를 달아 준다.

홑청〈2 상, 하, 좌, 우〉시접 선 긋기

옷속을 깔고 요 앞판을 올린 후, 그 위에 홑청〈2 상, 하, 좌, 우〉

를 올려 만들어둔 단추를 채운다. 옷속 가장자리와〈홑청 2 상,

하, 좌, 우〉의 끝 지점에 색연필로 시접 선을 그어준다. 이때 개

인에 따라 홑청의 길이와 폭, 시접의 치수에 약간씩의 차이가

생길 수 있다. 작업이 끝나면 옷속은 따로 빼 둔다.

*시접 선은 홑청〈1〉과 홑청〈2 상, 하, 좌, 우〉를 합폭할 때 필요하다.

홑청 〈1〉과 홑청 〈2 상, 하, 좌, 우〉 합폭하기

재단해 둔 홑청 〈1〉을 준비한다. 홑청 〈1〉 위에 완성된 홑청 〈2 상, 하, 좌, 우〉를 뒤집어 얹은 후 네 귀퉁이의 귀를 잘 맞추어 움직이지 않도록 시침질한다. 홑청 〈2 상, 하, 좌, 우〉에 미리 그려둔 시접 선에 맞추어 홑청 〈2 상〉 좌 끝에서부터 시계 방향으로 돌아가면서 홑청 〈1〉과 합폭한다. 홑청이 완성된다.

홑청 뒤집기

완성된 홑청을 뒤집어 시접과 솔기를 손질한 후 다림질한다.

옷속과 앞판 고정하기

준비해 둔 옷속 위에 완성된 요 앞판을 얹은 후 상, 하, 좌, 우를 15cm 정도씩 남겨 두고 앞판과 옷속을 시침질해 고정한다. 이때 옷속과 요 앞판은 서로 길이와 폭, 중앙을 잘 맞추어서 비뚤어지지 않도록 한다.

옷속 넣기

다림질해 놓은 홑청 속으로 요 앞판을 고정시켜 둔 옷속을 얹는다.

마무리하기

고정된 옷속과 앞판, 홑청을 긴 자 등을 이용해 두드려 자리를 잡아준다.
홑청 〈2 상, 하, 좌, 우〉의 단추를 채워 마무리한다.

* 단추 홑청이 달린 요 만들기는 바느질 과정이 까다롭고
 숙련된 솜씨가 필요하다. 때문에 가봉 과정도 필요하다.
 개개인의 솜씨와 숙련 정도에 따라
 시접과 홑청의 치수 및 완성 크기, 작품의 완성도에
 약간씩의 차이가 날 수 있다.

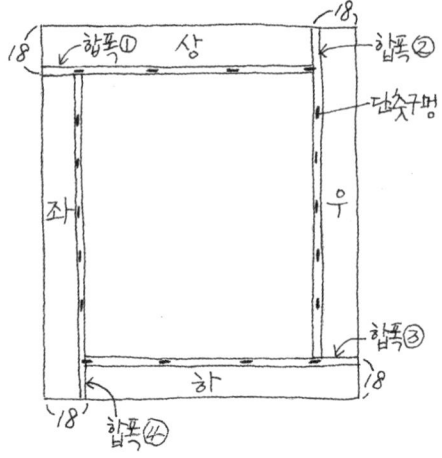

홑청 〈1〉과 홑청 〈2 상, 하, 좌, 우〉 합폭하기

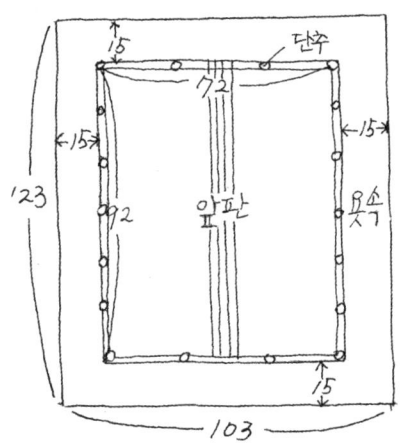

옷속 위에 앞판 고정하기.
* 사방 끝에 시침질해서
 옷속과 앞판이
 움직이지 않도록 한다.

색동 요

크기 : 길이 120×폭 100cm

재료준비

요 앞판

본견 색동 양단 : 2.5마

(재단 길이 100×폭 80cm)

*본견 색동 양단은 1폭이 90cm이다.

홑청

〈1〉목공단 백색 : 1.5마

(재단 길이 123×폭 103cm)

〈2 상, 하, 좌, 우〉목공단 백색 : 1.5마

(재단 길이 112×폭 88cm)

*홑청〈1〉은 몸에 직접 닿는 부분이고, 홑청〈2 상, 하, 좌, 우〉는 단춧구멍 뚫을 앞판 홑청 4쪽이다.

단추 18개

욧속 목화솜 3~4장 두께 (길이 123×폭 103cm)

*욧속은 동대문종합시장이나 광장시장 솜 집에 의뢰, 주문한다.

재단하기

앞판 길이 100cm, 폭은 80cm로 자른다.

홑청 〈1〉 길이 123cm, 폭은 103cm로 자른다.

홑청 〈2 상, 하, 좌, 우〉

홑청 〈좌, 우〉부터 재단한다.

길이 112cm에서 폭을 22cm씩 2번 자른다.

홑청 〈상, 하〉는 길이를 92cm로 자르고,

폭을 22cm로 2번 자른다.

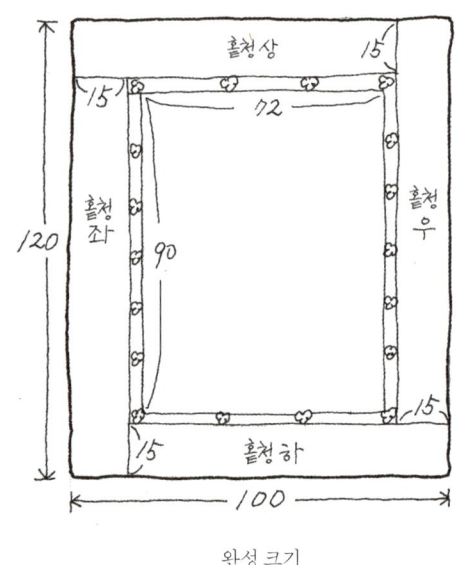

완성 크기

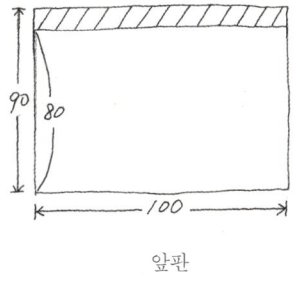

90
80

100

앞판

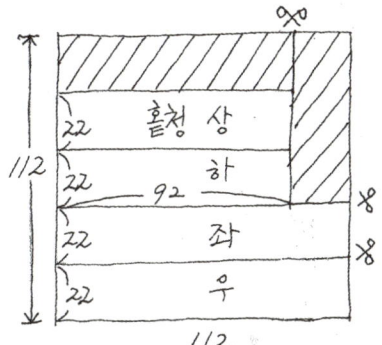

112
103

123

홑청〈1〉

22 홑청 상
22   하
92
22   좌
22   우

112

112

홑청
〈2 상, 하, 좌, 우〉

*요 앞판 사방 단추 달곳(2번 꺾어 접는다.)

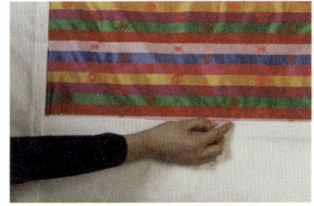

*요 홑청〈1〉과 홑청〈2 상, 하, 좌, 우〉합폭하기는 앞의 '세 줄 색동 요' 만들기와 같다. (참고 : 세 줄 색동 요 134p)

아기 이불

아기 이불은 가볍고 쾌적해야 한다. 또한 아기 몸에 자극을 주지 않아야 하기 때문에 정성스럽게 바느질해 더욱 꼼꼼하고 솜씨 있게 준비한다. 흡습성 좋고 쾌적한 목화솜과 모본단으로 만든 아기용 손수 장식 깃이불은 홑청에 단추를 달아 이불 속과 이불 몸판의 탈부착이 쉬워 세탁과 관리가 수월하다. 세줄 색동 이불은 색동 요와 함께하면 더 깜찍하다. 무엇보다 조각 이불은 아기 이불에 안성맞춤이다. 작은 천 조각 하나하나를 이어 붙이며 아기의 무병장수를 빌던 어머니의 인내의 시간과 정성스러운 마음이 담겼다.

손수 장식 깃 이불

크기 : 120 × 폭 100cm

재료 준비

이불 몸판

〈가 1, 2〉 모본단 초록색 : 2마

(재단 길이 76 × 폭 16m씩 2쪽)

〈나〉 모본단 황금색 : 1마

(재단 길이 76 × 폭 53cm)

이불깃

〈다〉 모본단 꽃분홍색 : 1마

(재단 길이 80 × 폭 27cm)

홑청

〈1〉 목공단 백색 : 1.5마

(재단 길이 123 × 폭 103cm)

〈2 상, 하, 좌, 우〉 목공단 백색 : 1.5마

(재단 길이 112 × 폭 88cm)

* 홑청 〈1〉은 몸에 직접 닿는 부분,
  홑청 〈2 상, 하, 좌, 우〉는 이불 앞판에 단춧구멍을 뚫을 곳이다.

단추 18개

장식 손수 사각 장식판(5×5cm)

이불속 목화솜 1장 두께(길이 123 × 폭 103cm)

* 이불속은 완성 크기보다 3~ 4cm 커야 한다.
  동대문종합시장, 광장시장의 솜 집에 의뢰, 주문한다.
* 손수 사각 장식판은 직접 만들어도 되고,
  다른 장식을 구입해 사용해도 된다.
  (참고 : 손수 사각 장식판 만들기 63p)

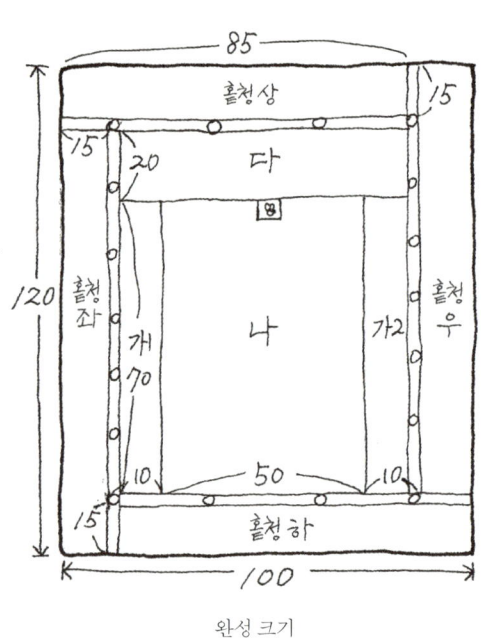

완성 크기

재단하기

몸판

〈가1, 2〉 길이 76cm에서 폭을 16cm씩 2번 자른다.

〈나〉 길이 76cm, 폭은 53cm로 자른다.

깃

〈다〉 길이는 80cm로 재단하고, 폭 27cm로 자른다.

홑청 〈1〉

길이 123cm, 폭을 103cm로 자른다.

홑청 〈2 상, 하, 좌, 우〉

〈좌, 우〉부터 재단한다.

길이 106cm, 폭을 22cm로 2번 자른다.

〈상, 하〉는 나머지 원단에서 길이 88cm를 자르고, 폭 22cm를 2번 자른다.

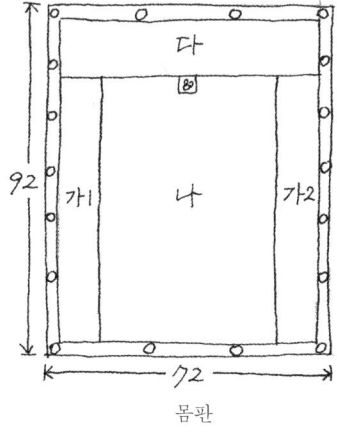

몸판

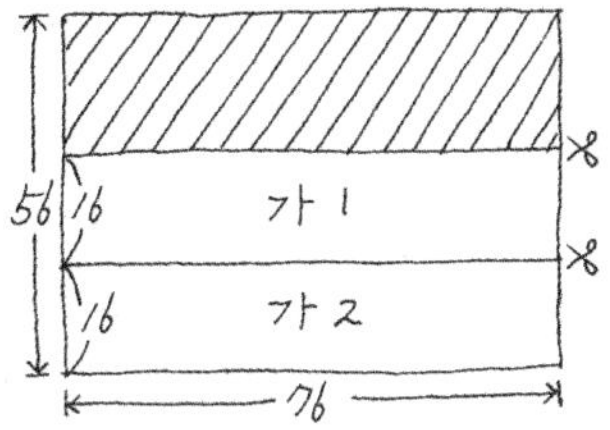

몸판〈가1, 2〉

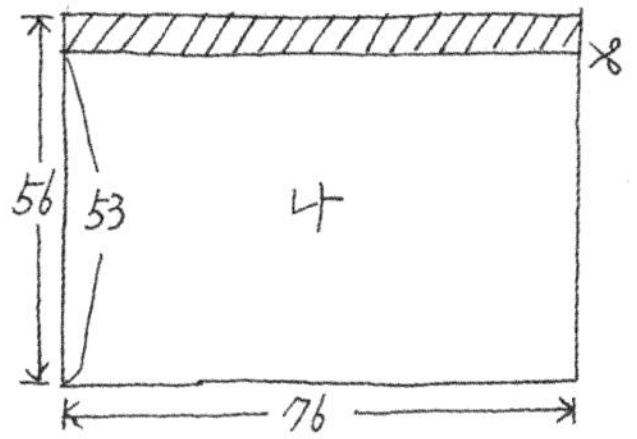

몸판〈나〉

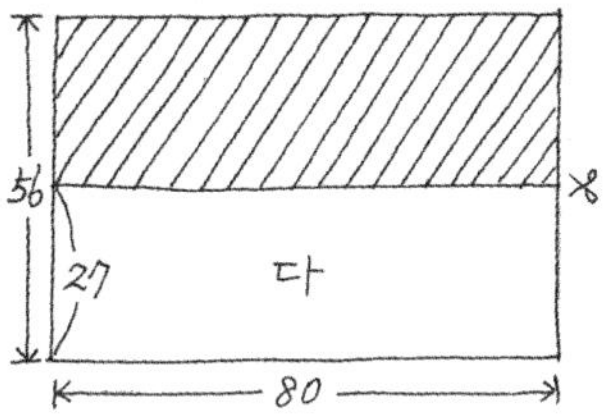

깃〈다〉

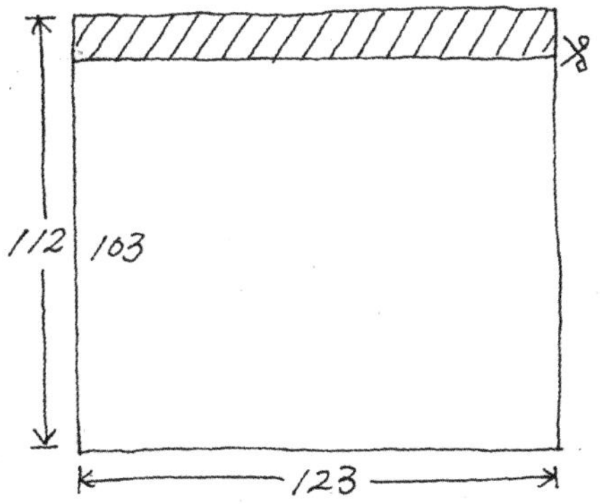

홑청〈1〉

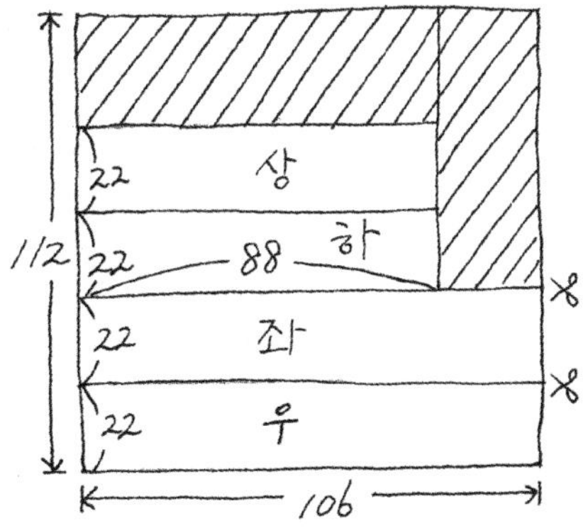

홑청〈2 상, 하, 좌, 우〉

만들기 (참고: 세줄 색동요 134p)

이불 몸판 만들기

1. 먼저, 몸판을 합폭한다. 〈가1〉과 〈나〉를 길이로 합폭한다.
이어서 〈가2〉도 길이로 합폭한다.

2. 합폭된 몸판〈가1, 나, 가2〉의 위쪽 끝에서 깃〈다〉를 합폭
한다. 이불 몸판 합폭이 완성되었다.

3. 몸판에 단추 달 곳을 만들어 둔다. 합폭된 이불 몸판의 상,
하, 좌, 우 가장자리 부분을 시접 2cm 넓이로 꺾어 접고 다시
한 번 더 꺾어 접어(4cm) 눌러 박는다. 사방 모두 겹이 된다.
이때 박음질 부분을 다림질해 두면 더 깔끔하다.

*이불 몸판의 단추를 달아 줄 부분이므로 튼튼해야 한다. 따라서 두번 겹 박아 준다.

4. 장식을 달아준다. 준비한 손수 사각 장식판을 이불 몸판 〈나〉의 위쪽 중앙 부분에 상침뜨기로
단다. (참고 : 상침뜨기 52p)

홑청〈1〉준비하기

홑청〈1〉은 재단 치수 그대로 준비한다.

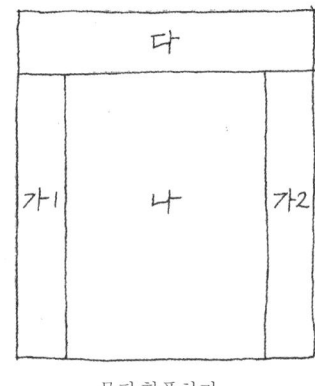

몸판 합폭하기

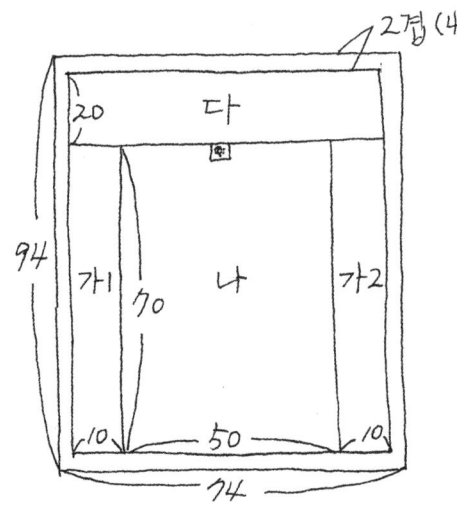

몸판 만들기(상, 하, 좌, 우 단추달 곳 겹 박기)

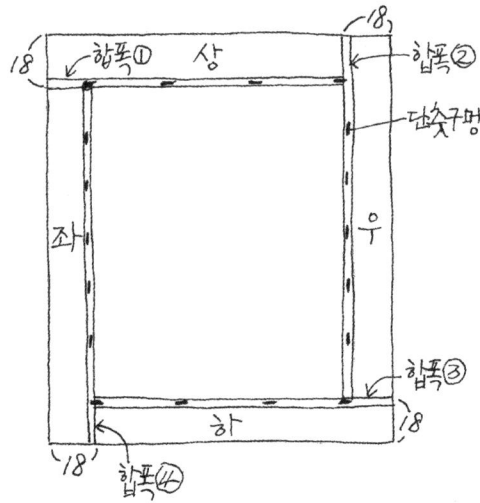

홑청〈1〉, 〈2 상, 하, 좌, 우〉 합폭하기

홑청 〈2 상, 하, 좌, 우〉 겹 박기

1. 홑청 〈2 상, 하〉는 길이는 그대로 두고 폭 한쪽에서 시접을 2cm로 꺾어 접은 다음

다시 한 번 더 꺾어 접어 겹을 만든다. 그 위를 0.5cm 띄고 눌러 박는다.

2. 홑청 〈2 좌, 우〉도 길이는 그대로 두고 홑청 〈2 상, 하〉와 똑같은 방법으로

눌러 박아 겹이 되도록 한다.

*홑청의 단춧구멍을 뚫어 줄 부분이므로 튼튼해야 한다. 따라서 두 번 겹 박아 준비한다.

홑청 〈2 상, 하, 좌, 우〉 합폭하기

겹 박아 둔 홑청 〈2 상, 하, 좌, 우〉를 합폭한다.

이때 단춧구멍 뚫을 곳을 이불 몸판의 안쪽으로 하고 박는다. 합폭 순서는 아래와 같이 한다.

1. 홑청 〈2 상〉 좌측 끝과 홑청 〈2 좌〉 상측의 끝을 합폭한다. 이때 단춧구멍을 뚫기 위해

2cm 겹으로 박은 곳이 홑청 〈2 상〉에서는 밑으로 오고, 홑청 〈2 좌〉에서는 우측으로 오게 한다.

2. 홑청 〈2 상〉 우측 끝과 홑청 〈2 우〉 상측 끝을 합폭한다.

2cm 겹으로 박은 곳이 좌측으로 오게 한다.

3. 홑청 〈2 우〉 하와 홑청 〈2 하〉 우 끝을 합폭한다. 겹으로 박힌 곳이 상측으로 오게 한다.

4. 홑청 〈2 좌〉 하 끝과 홑청 〈2 하〉 좌 끝을 합폭한다. 겹으로 박힌 곳이 상측으로 오게 한다.

홑청 〈2 상, 하, 좌, 우〉가 완성되었다.

단춧구멍 만들기와 단추 달기

1. 이불 몸판에는 단추 달 곳을 홑청 〈2 상, 하, 좌, 우〉에는 단춧구멍을 표시한다.

먼저, 완성된 이불 몸판에 홑청 〈2 상, 하, 좌, 우〉를 올려 놓는다.

이불 몸판의 단추를 달아 줄 부분과 홑청의 단춧구멍 뚫어 줄 부분이 포겠을 때

서로 일치해야 한다. 따라서 몸판과 홑청의 중앙과 네 귀퉁이를 잘 맞추어 준 후

시침 핀으로 고정하고, 각각 단추 달 곳과 단춧구멍 뚫을 곳을 색연필로 표시한다.

이때 단춧구멍은 홑청 〈2 좌, 우〉에 7개씩, 홑청 〈2 상, 하〉 중앙 부분에 2개씩 총 18개를

표시한다. 단춧구멍의 간격은 15~16cm로 한다.

2. 홑청 〈2 상, 하, 좌, 우〉에 표시해 둔 단춧구멍을 뚫어 준다.

(참고 : 단춧구멍 만들기 55p)

3. 몸판의 상, 하, 좌, 우 튼튼하게 겹 박아 준비해 둔 곳에

단춧구멍의 간격에 맞추어 단추를 달아 준다.

홑청 〈2 상, 하, 좌, 우〉 시접 선 긋기

이불속을 깔고 몸판을 올린 후, 그 위에 홑청 〈2 상, 하, 좌, 우〉를 올려 만들어둔 단추를 채운다.

이불속 가장자리와 〈홑청 2 상, 하, 좌, 우〉의 끝 지점에 색연필로 시접 선을 그어준다.

이때 개인에 따라 홑청의 길이와 폭, 시접의 치수에 약간씩의 차이가 생길 수 있다.

작업이 끝나면 이불속은 따로 빼 둔다.

*시접 선은 홑청 〈1〉과 홑청 〈2 상, 하, 좌, 우〉를 합폭할 때 필요하다.

홑청 〈1〉, 〈2 상, 하, 좌, 우〉 합폭하기

재단해 둔 홑청 〈1〉을 준비한다.

홑청 〈1〉 위에 완성된 홑청 〈2 상, 하, 좌, 우〉를 뒤집어 얹은 후

네 귀퉁이의 귀를 잘 맞추어 움직이지 않도록 시침질한다.

홑청 〈2 상, 하, 좌, 우〉에 미리 그려둔 시접 선에 맞추어 홑청 〈2 상〉 좌 끝에서부터

시계 방향으로 돌아가면서 합폭한다. 홑청이 완성된다.

홑청 뒤집기

합폭이 완성된 홑청 〈1〉과 홑청 〈2 상, 하, 좌, 우〉는 뒤집어

시접과 솔기를 손질한 후 다림질한다.

몸판과 이불속 고정하기

준비해 둔 이불속 위에 완성된 몸판을 얹은 후

몸판과 이불속을 시침질해 고정한다.

이때 이불속과 몸판은 서로 길이와 폭, 중앙을

잘 맞추어서 비뚤어지지 않도록 한다.

이불속 넣기

다림질해 놓은 홑청 속으로

몸판을 고정시켜 둔 이불속을 넣는다.

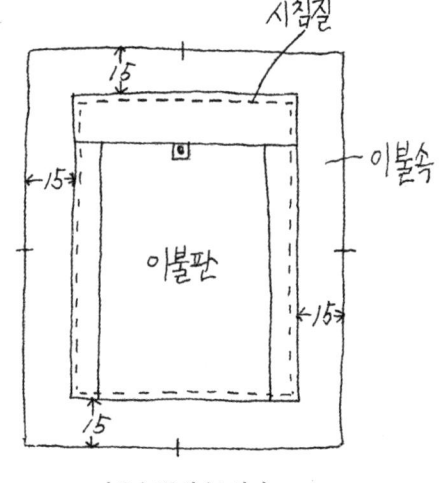

이불속(목화솜) 얹기

마무리하기

고정된 이불속과 몸판, 홑청을 긴 자 등을 이용해 두드려 자리를 잡아준다.

홑청 〈2 상, 하, 좌, 우〉의 단추를 채워 마무리한다.

* 단추 홑청이 달린 이불 만들기는 바느질 과정이 까다롭고 숙련된 솜씨가 필요하다. 때문에 가봉 과정도 필요하다.
  개개인의 솜씨와 숙련 정도에 따라 시접과 홑청의 치수 및 완성 크기, 작품의 완성도에 약간씩의 차이가 날 수 있다.

면 레이스 이불

크기 : 길이 120 × 폭 100cm

재료 준비

이불 몸판 앞, 뒤

〈가〉 목공단 분홍색 : 3마 (재단 길이 246 × 폭 103cm)

이불 몸판

〈나〉 면 레이스 백색 : 1.5마 (재단 길이 100 × 폭 83cm)

이불 몸판 장식

〈다〉 레이스 테이프 백색 : 4마 (재단 길이 360 × 폭 5cm)

장식

꽃 레이스 장식, 진주알 조금 큰 것 1개

이불속 퀼팅솜 3온스 두께 (길이 123 × 폭 103cm)

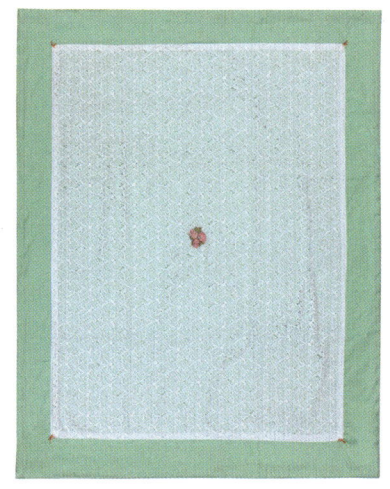

재단하기

몸판 앞, 뒤

〈가〉 길이 246cm를 반으로 접어 자르고,
폭은 103cm로 잘라 2쪽을 만든다.

몸판

〈나〉 길이 100cm, 폭 83cm로 자른다.

몸판 장식

테이프 길이는
360cm 그대로 사용한다.
자르지 않고
이불 앞판 사방에 합폭한다.

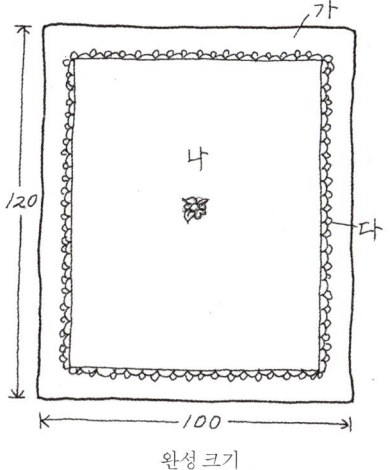

완성 크기

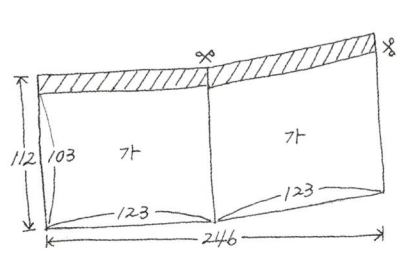

몸판 앞, 뒤 〈가〉   몸판 〈나〉

세줄색동이불

크기 : 길이 120 × 폭 100cm

재료준비

이불 몸판

〈가 1, 2〉 난초단 진달래색 : 2.5마

(재단 길이 154 × 폭 40cm)

〈나 1, 2〉 난초단 비취색 : 1마

(재단 길이 77 × 폭 5cm씩 2쪽)

〈다〉 난초단 남색 : 1마

(재단 길이 77 × 폭 5cm)

이불깃

〈라〉 난초단 비취색 : 1마

(재단 길이 80 × 폭 27cm)

홑청

〈1〉 목공단 백색 : 1.5마

(재단 길이 123 × 폭 103cm)

〈2 상, 하, 좌, 우〉 목공단 백색 1.5마

(재단 길이 112 × 폭 88cm)

* 홑청 〈1〉은 몸에 직접 닿는 부분,

　홑청 〈2 상, 하, 좌, 우〉는 이불 앞판 단춧구멍을 뚫을 곳.

단추 18개

이불속 목화솜 1장 두께

(길이 123 × 폭 103cm)

* 이불속은 완성 크기보다 3~4cm 커야 한다.

　동대문종합시장, 광장시장의 솜 집에 의뢰, 주문한다.

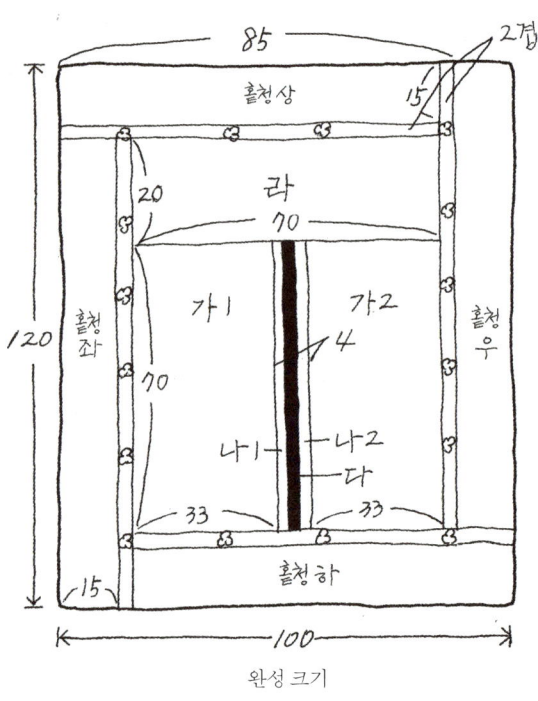

완성 크기

150

재단하기

몸판

〈가 1, 2〉는 길이 154cm를 반으로 접어 자른다.

두 개의 원단을 겹쳐서 핀 꽂고

폭을 40cm로 자르면 앞, 뒤로 2개가 나온다.

〈나 1, 2〉는 길이 77cm에서 폭을 5cm씩 2번 자른다.

〈다〉는 길이 77cm에서 폭을 5cm로 자른다.

깃 〈라〉 길이 80cm, 폭 27cm 로 자른다.

홑청 〈1〉

길이 123cm, 폭은 103cm 로 자른다.

홑청 〈2 상, 하, 좌, 우〉

〈좌, 우〉부터 자른다.

길이 112cm는 그대로 사용, 폭은 22cm로 2번 자른다.

〈상, 하〉는 나머지 원단에서

길이 92cm, 폭 22cm로 2번 자른다.

*만들기는 앞의 '손수 장식 깃 이불'과 '세 줄 색동 요'를 참고한다.
 (참고: 손수 장식 깃 이불 144p, 세 줄 색동 요 134p)

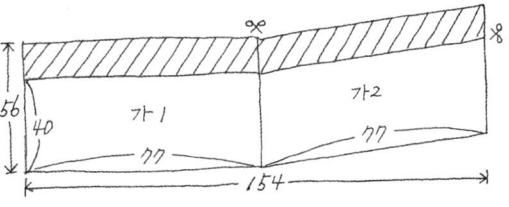

몸판 〈가 1, 2〉

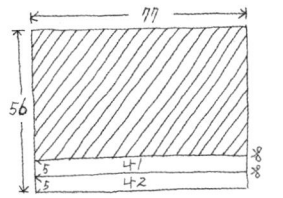

몸판 〈나 1, 2〉

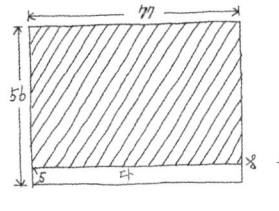

몸판 〈다〉

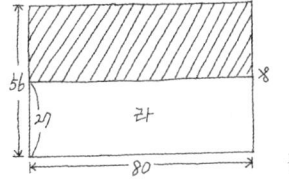

깃 〈라〉

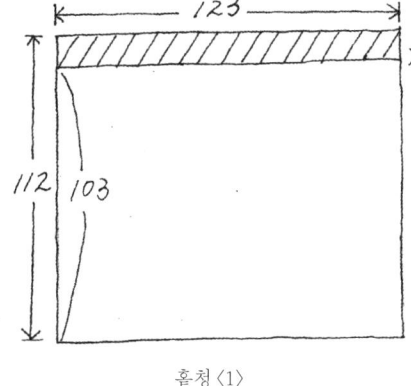

홑청 〈1〉

홑청 〈2 상, 하, 좌, 우〉

바둑판 조각 이불

크기 : 길이 125 × 폭 104cm (15줄 × 12칸)

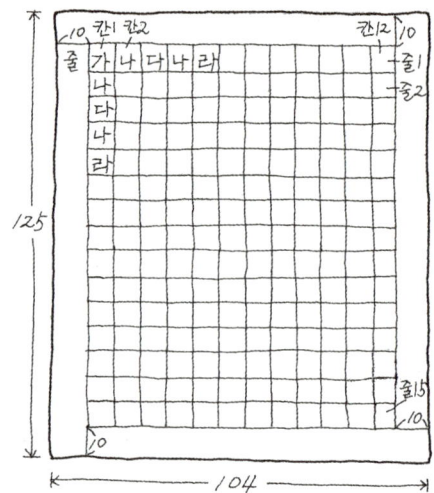

재료 준비

이불 몸판(조각)

〈가〉 양단 살구색 : 1마 (재단 길이 40 × 폭 56cm)

〈나〉 양단 백색 : 2마 (재단 길이 180 × 폭 56cm)

〈다〉 양단 겨자색 : 1마 (재단 길이 50 × 폭 56cm)

〈라〉 양단 진달래색 : 1마 (재단 길이 40 × 폭 56cm)

〈마〉 양단 비취색 : 1마 (재단 길이 30 × 폭 56cm)

〈바〉 양단 쪽색 : 1마 (재단 길이 30 × 폭 56cm)

이불 난지

〈상, 하, 좌, 우〉 양단 살구색 : 1.5마

(재단 길이 118 × 폭 56cm)

이불 몸판 안감

폰지 백색 : 1.5마 (재단 길이 128 × 폭 107cm)

이불 뒤판

명주 미색 : 1.5마 (재단 길이 128 × 폭 107cm)

지퍼 백색 90cm

이불속

목화솜 1장 두께 (길이 128 × 폭 107cm)

*이불속은 완성 크기보다 3~4cm 커야 한다. 목화솜 대신 퀼팅솜을 사용해도 된다.
 이불속은 동대문종합시장, 광장시장 등의 솜 집에 미리 주문해 둔다.

완성 크기

재단하기

몸판(조각)

* 조각 1개 : 7 × 7cm (재단 길이 10 × 폭 10cm)
 길이 10cm × 폭 10cm 조각은 양단 1폭(56cm)에서 5조각이 나온다.

〈가〉 19조각 (길이 40cm)

〈나〉 90조각 (길이 180cm)

〈다〉 25조각 (길이 50cm)

〈라〉 20조각 (길이 40cm)

〈마〉 15조각 (길이 30cm)

〈바〉 11조각 (길이 30cm) = 총 180조각

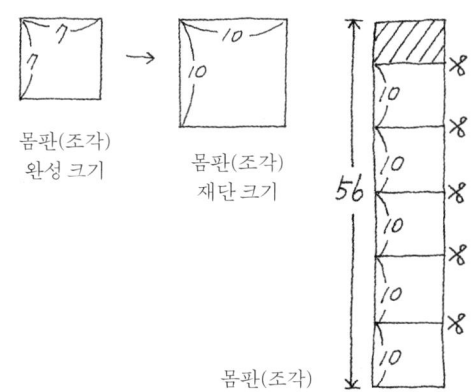

몸판(조각)
완성 크기

몸판(조각)
재단 크기

몸판(조각)

〈가〉는 40cm에서 길이 10cm, 폭 10cm씩 그림처럼
선을 그어 자르면 모두 19조각이 나온다.

〈나〉는 길이 180cm를 반으로 접어 핀 꽂고
그림처럼 선을 그어 90조각을 자른다.

〈다〉, 〈라〉, 〈마〉, 〈바〉도 이와 같이 재단한다.

난지 〈좌, 우〉부터 재단한다.

길이 118cm에서 폭을 13cm씩 2번을 자른다.

〈상,하〉는 남는 원단에서 길이 97cm를 자른다.

폭은 13cm씩 2번 자른다.

몸판 안감 길이 128cm, 폭 107cm로 자른다.

뒤판 몸판 안감과 같은 크기로 재단한다.

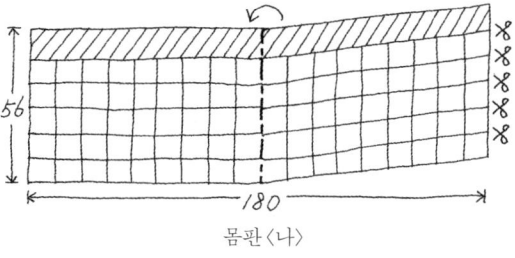

몸판〈나〉

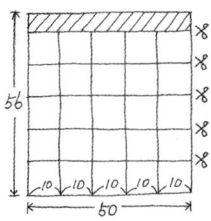

몸판〈가, 다, 라, 마, 바〉

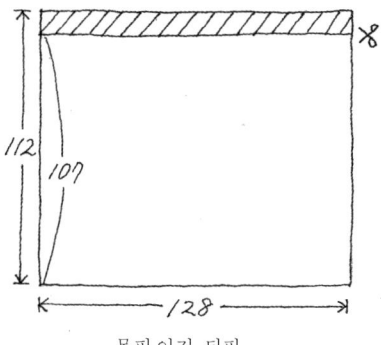

몸판 안감, 뒤판

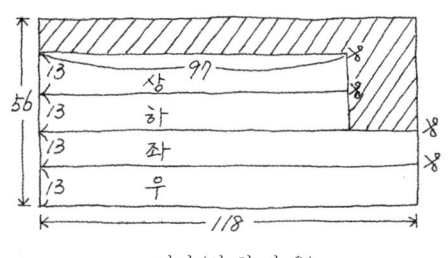

난지〈상, 하, 좌, 우〉

만들기

*몸판 조각 부분은 〈줄〉과 〈칸〉으로 표기, 설명한다.
 길이로는 총 15줄, 폭으로는 총 12칸이다.

1

칸끼리 합폭하기

1. 재단해 둔 몸판(조각)을 색깔별로 준비해 둔다.

2. 〈줄 1〉에서 〈칸 1〉과 〈칸 2〉를 합폭한다.

이어서 〈칸 2〉와 〈칸 3〉을 합폭한다.

이와 같은 방법으로 〈칸 12〉까지 모두 합폭한다.

2

〈줄 2〉에서 〈칸 1〉과 〈칸2〉를 합폭한다.

이와 같은 방법으로 〈칸 12〉까지 모두 합폭한다.

〈줄 3〉부터 〈줄 15〉까지 모두 이와 같은 방법으로 합폭한다.

합폭한 조각이 총 15줄이 된다.

줄과 칸 합폭하기

3. 〈줄 1, 칸 12〉까지가 한 조각이다.

〈줄 1〉과 〈줄 2〉부터 〈줄 15〉까지 선을 맞추어

3

모두 합폭한다. 이때 시접 1.5cm 선을 긋고 박아서,

줄과 줄을 선을 맞춰 줄끼리 합폭한다.

4. 몸판 조각의 모든 합폭이 완성이 되었다.

몸판과 난지 합폭하기

완성된 몸판과 난지 〈좌〉를 합폭한다.

이어서 몸판의 '상' 좌에 난지 〈상〉을 합폭하고

4

시계 방향으로 난지 〈우〉, 난지 〈하〉를 합폭한다.

몸판 합폭이 완성된다.

안감 대기

합폭된 몸판의 뒷면을 위로 오게 한 후 그 위에 재단해 둔 안감을 댄다.

시접을 1.5cm 남기고 모두 박아 합폭한다.

앞, 뒤판 합폭하기

재단된 뒤판을 준비한다. 완성된 몸판의 앞면이 위로 오게 하고,

그 위에 뒤판의 뒷면이 위로 오게 하여 서로 길이와 폭을 맞춘다.

난지 〈상〉 좌 끝에서 시계 방향으로 난지 〈우〉, 난지 〈하〉까지 합폭한다.

이때 난지 〈좌〉 하 부분의 15cm까지 박고 잠시 멈춘다.

지퍼를 달아야 할 자리 90cm를 남긴 후 나머지 15cm를 마저 박는다.

지퍼 달기

앞, 뒤판 합폭시 남겨둔 난지 〈좌〉 하 부분에 지퍼를 단다. (참고 : 지퍼 달기② 55p)

앞, 뒤판과 이불속 고정하기

완성된 앞, 뒤판을 뒤집기 전에 바닥에 넓게 펴놓고 그 위에 준비해 둔 이불속을 얹는다.

몸판과 이불속이 움직이지 않도록 시침질한다.

이때 이불속과 몸판의 길이와 중심을 잘 맞추어서 비뚤어지지 않도록 한다.

이불속이 움직이지 않도록 고정한다.

뒤집기

이불 몸판과 함께 이불속을 말아서 열린 지퍼 사이로 빼낸다.

마무리하기

이불속을 잘 두드려 펴 주고 사방 솔기를 다듬고 다림질한다.

십자 조각 이불

크기 : 길이 120×폭 100cm (11줄×9칸)

재료 준비

이불 몸판(조각)

〈가〉모본단 꽃분홍색 : 1마 (재단 길이 22×폭 56cm)

〈나〉모본단 남색 : 1마 (재단 길이 22×폭 56cm)

〈다〉모본단 백색 : 1마 (재단 길이 88×폭 56cm)

〈라〉모본단 황금색 : 1.5마 (재단 길이 99×폭 56cm)

이불 난지

〈상, 하〉모본단 살구색 : 1마 (재단 길이 89×폭 38cm)

〈좌, 우〉모본단 살구색 : 1.5마 (재단 길이 107×폭 34cm)

이불 몸판 안감

폰지 백색 : 1.5마 (재단 길이 123×폭 103cm)

이불 뒤판

명주 미색 : 1.5마 (재단 길이 123×폭 103cm)

지퍼 백색 90cm

이불속 목화솜 1장 두께 (길이 123×폭 103 cm)

＊이불속은 직접 만들어도 되고,
  동대문종합시장이나 광장시장 솜 집에 주문, 의뢰한다.

＊목화솜 대신 퀼팅솜도 좋다.
  솜은 걸 크기보다 3~4cm 크게 한다.

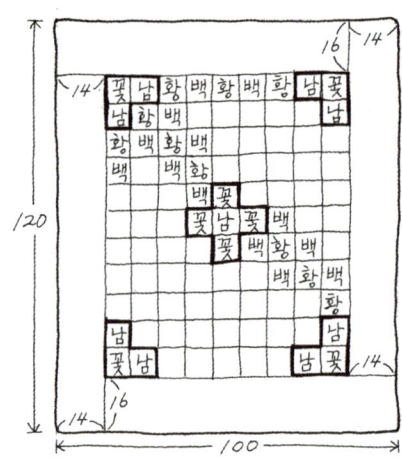

완성 크기

재단하기

몸판(조각)

＊조각 1개 : 길이 8×폭 8cm (재단 길이 11×폭 11cm)
  길이 11cm×폭 11cm 조각은 모본단 1폭(56cm)에서 5조각이 나온다.

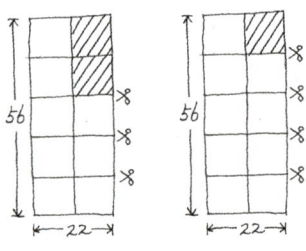

몸판(조각)〈가〉   몸판(조각)〈나〉

〈가〉 8조각 (길이 22cm)

〈나〉 9조각 (길이 22cm)

〈다〉 40조각 (길이 88cm)

〈라〉 42조각 (길이 99cm)

〈가〉는 길이 22cm를 반으로
선을 긋고 폭에서 11cm씩 5번
선을 그어 준다.

선을 따라 자르면 10 조각이 나온다.

〈나〉는 〈가〉와 같은 방법으로 자른다.

〈다〉는 길이를 반으로 접어 잘라 준 후,
뒤집어서 핀 꽂고 폭을 11cm씩 5번 자르면
모두 40 조각이 나온다.

〈라〉는 〈다〉와 같은 방법으로 자른다.

난지

〈상, 하〉는 길이 89cm, 폭 19cm씩 2번 자른다.

〈좌, 우〉는 길이 107cm에서 폭 17cm씩 2번 자른다.

몸판 안감

길이 123cm, 폭 103cm로 자른다.

뒤판

몸판 안감과 같은 크기로 자른다.

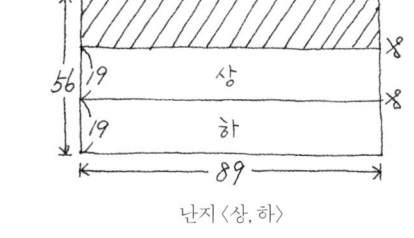

몸판(조각) 〈다〉

몸판(조각) 〈라〉

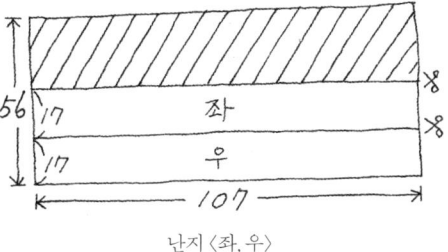

난지 〈상, 하〉

난지 〈좌, 우〉

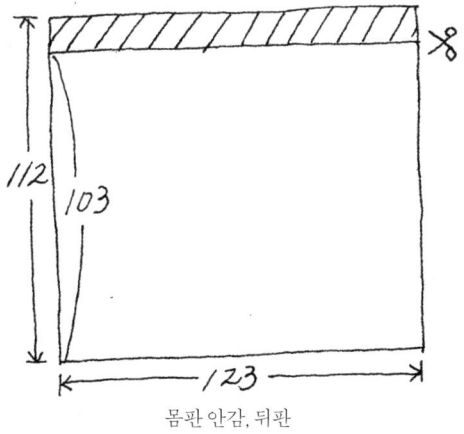

몸판 안감, 뒤판

손수 장식 조각 이불

크기 : 길이 106 × 폭 92cm

재료 준비

이불 몸판(조각)

⟨가⟩ 모본단 촌분홍색 : 0.5마 (재단 길이 15 × 폭 56cm)

⟨나⟩ 모본단 비취색 : 0.5마 (재단 길이 30 × 폭 56cm)

⟨다⟩ 모본단 쪽색 : 0.5마 (재단 길이 15 × 폭 26cm)

⟨라⟩ 모본단 연분홍 : 0.5마 (재단 길이 15 × 폭 56cm)

⟨마⟩ 모본단 초록색 : 0.5마 (재단 길이 13 × 폭 56cm)

⟨바⟩ 모본단 벽돌색 : 0.5마 (재단 길이 13 × 폭 38cm)

⟨사1⟩ 모본단 자주색 : 0.5마 (재단 길이 13 × 폭 38cm)

⟨사2⟩ 모본단 자주색 : 0.5마 (재단 길이 15 × 폭 38cm)

⟨아⟩ 모본단 은행색 : 0.5마 (재단 길이 13 × 폭 38cm)

⟨자⟩ 모본단 백색 : 0.5마 (재단 길이 15 × 폭 19cm)

이불 난지 ⟨상, 하, 좌, 우⟩

모본단 연두색 : 2마 (재단 길이 168 × 폭 56cm)

이불 몸판 안감 폰지 백색 : 1.5마

(재단 길이 109 × 폭 95cm)

이불 뒤판 명주 미색 : 1.5마

(재단 길이 109 × 폭 95cm)

지퍼 연두색 80cm

장식 손수 사각 장식판(5 × 5cm) 검정색 4개

이불속 목화솜 또는 퀼팅솜 1장 두께

(길이 109 × 폭 95cm)

*이불속은 직접 만들어도 되고, 동대문종합시장이나 광장시장
 솜 집에 주문, 의뢰한다. 솜은 겉 크기보다 3~4cm 크게 한다.

*손수 사각 장식판은 직접 만들어도 되고,
 다른 장식을 구입해 사용해도 된다.

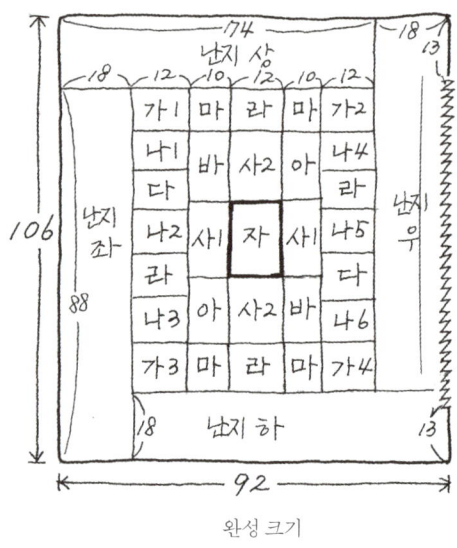

완성 크기

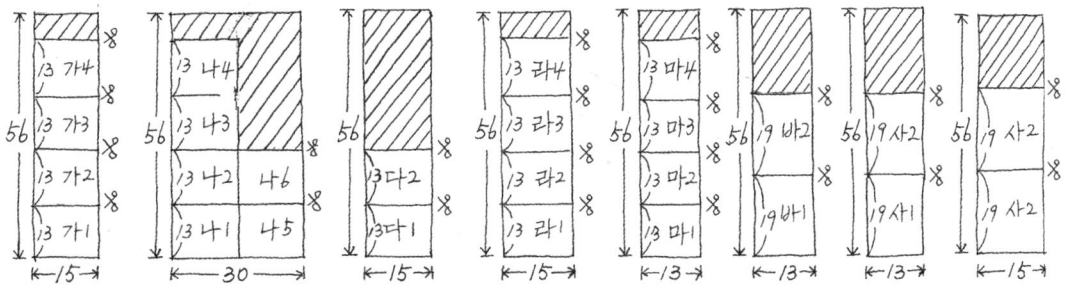

몸판 (조각) ⟨가~사 1, 2⟩

재단하기

몸판(조각)

⟨가⟩ 길이 15cm에서 폭을 13cm씩
4개의 선을 그어 자른다.

⟨나⟩ 길이 30cm를 각 15cm씩 선을 그어
두 부분으로 나눈다.

한쪽은 폭 13cm씩 4개의 선을 그어 놓고,
나머지 한쪽 15cm에서는 폭 13cm씩 2개의 선을 그어
함께 자른다. 총 6조각이 나온다.

⟨다⟩, ⟨라⟩도 길이 15cm에서 폭 13cm씩 선을 그어,
각각 2조각, 4조각 씩 자른다.

⟨마⟩ 길이 13cm에서 폭을 13cm씩 4조각 자른다.

⟨바⟩, ⟨사1⟩, ⟨아⟩는 길이 13cm에서 폭 19cm씩 2조각씩 자른다.

⟨사2⟩, ⟨자⟩는 길이 15cm에서 폭 19cm씩
각각 2조각, 1조각 자른다.

난지

⟨상, 하⟩는 길이 77cm에서 폭을 21cm씩 2번 자른다.

⟨좌, 우⟩는 길이 91cm에서 폭을 21cm씩 2번 자른다.

몸판 안감 길이 109cm에서 폭을 95cm로 자른다.

뒤판 몸판 안감과 같은 크기로 자른다.

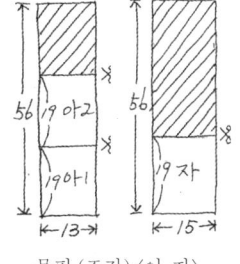

몸판 (조각) ⟨아, 자⟩

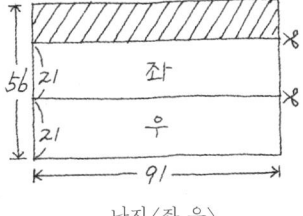

난지 ⟨상, 하⟩

난지 ⟨좌, 우⟩

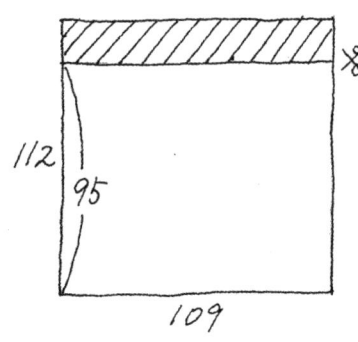

몸판 안감, 뒤판

잣 장식 조각 이불

크기 : 길이 159 × 폭 119cm

재료준비

이불 몸판

〈가〉 명주 비취색 : 1.5마 (재단 길이 98 × 폭 56cm)

* 명주는 폭이 112cm이다.

이불 난지

〈나 상, 하, 좌, 우〉 명주 남색 : 1.5마

(재단 길이 110 × 폭 62cm)

〈다 상, 하, 좌, 우〉 명주 촌분홍색 : 2마

(재단 길이 142 × 폭 92cm)

이불 뒤판 흩청

〈1〉, 〈2〉 명주 분홍색 : 4마

(재단 길이 324 × 폭 112cm)

* 흩청 162cm씩 2폭이 필요하다.

지퍼 분홍색 120cm

장식 3쪽 잣 12개, 잣의 색은 꽃분홍, 연두, 남색

이불속 목화솜 1장 두께 (길이 162 × 폭 122cm)

* 이불속은 직접 만들어도 되고, 퀼팅솜을 사용해도 된다.
  동대문종합시장이나 광장시장 솜 집에 주문, 의뢰한다.
  이불속의 솜은 겉 크기보다 3~4cm 크게 한다.

* 3쪽 잣은 직접 만들거나, 비슷한 장식을 구입해 사용해도 된다.
  (참고 : 잣만들기 61p)

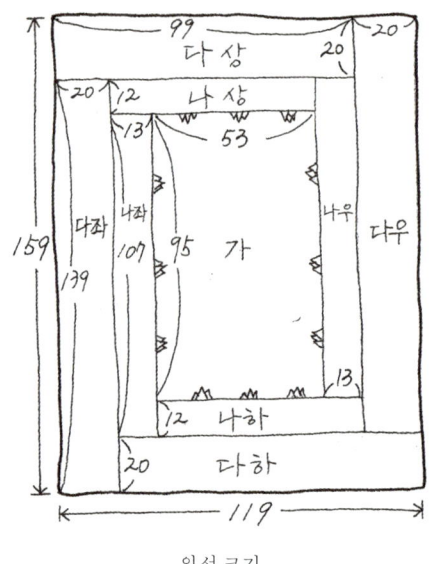

완성 크기

재단하기

몸판 〈가〉 길이 98cm에서 폭 56cm로 자른다.

난지 〈나 상, 하, 좌, 우〉 〈나 좌, 우〉부터 재단한다.

길이 110cm에서 폭을 16cm씩 2쪽 자른다.

〈나 상, 하〉는 나머지 원단에서 길이 69cm, 폭을 15cm씩 2쪽 자른다.

난지 〈다 상, 하, 좌, 우〉 〈다 좌, 우〉부터 재단한다.

길이 142cm에서 폭을 23cm씩 2쪽 자른다.

〈다 상, 하〉는 나머지 원단에서 길이 102cm, 폭 23cm씩 2쪽 자른다.

뒤판 홑청

길이 324cm를 반으로 접어 잘라 그대로 사용하고,

나머지 한쪽에서 길이는 그대로 사용하고

폭을 13cm로 자른다.

*뒤판 홑청의 완성 폭은 119cm인데 원단 1폭은 112cm다.
따라서 한폭을 더해서 나머지 부족한 부분을 붙여 주어야 한다.

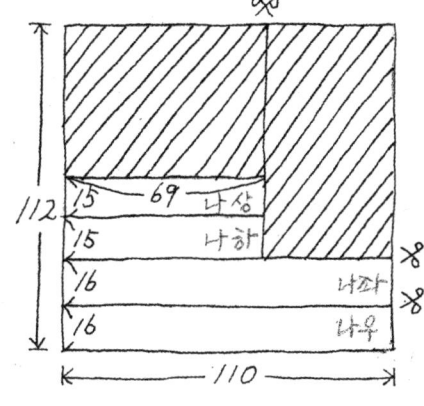

몸판 〈가〉

난지 〈나 상, 하, 좌, 우〉

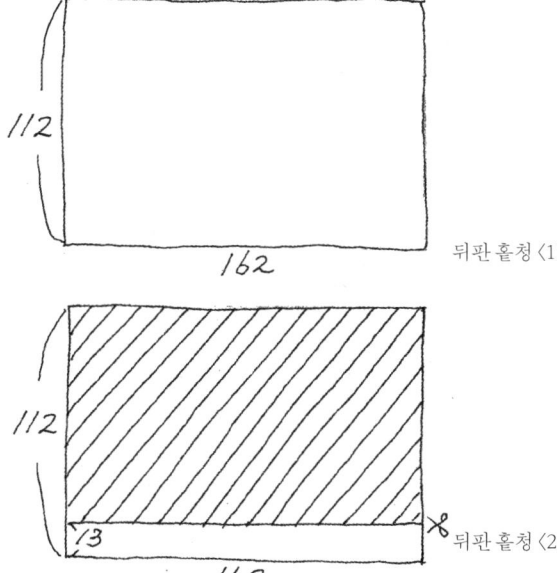

뒤판 홑청 〈1〉

뒤판 홑청 〈2〉

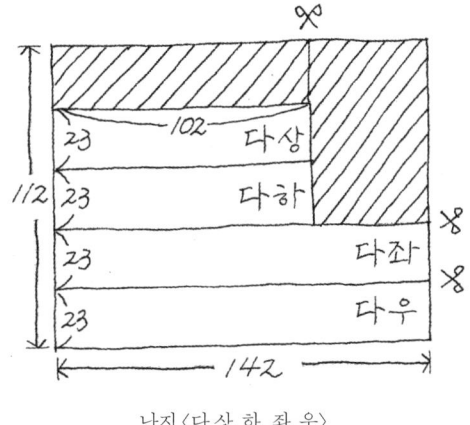

난지 〈다 상, 하, 좌, 우〉

아기 베개

태어난 지 3개월이 지나면 아기 베개를 사용한다. 아기의 머리 무게를 유지하되 밀려나지 않도록 좁쌀을 베갯속으로 넣었다. 머리가 시원해지고 눈이 밝아진다는 녹두도 아기 베갯속으로 선호했다. 모두 머리를 시원하게 두어 아기의 건강을 지키려 했던 오래된 지혜다. 아기의 머리가 잘 자리잡도록 돕는 요즈음의 짱구 베개 또한 예쁜 아이로 키우려는 엄마의 지혜로움이 담겼다. 모본단을 색색이 잘라 아기자기하게 꾸민 사각 베개는 아기가 조금 더 자라면 사용하고, 레이스 베개도 실용과 장식성을 모두 갖췄다.

짱구베개

크기 : 길이 18×폭 18cm

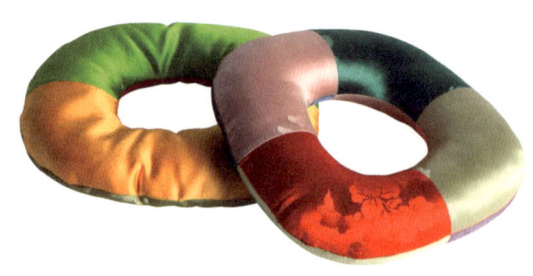

재료준비

베개 몸통 앞, 뒤판

〈가〉 모본단 쪽색 : 재단 길이 12×폭 24cm

〈나〉 모본단 은행색 : 재단 길이 12×폭 24cm

〈다〉 모본단 연분홍색 : 재단 길이 12×폭 24cm

〈라〉 모본단 촌분홍색 : 재단 길이 12×폭 4cm

베갯속 좁쌀 약간

*피부가 연한 아기들의 배갯속으로는 부드러운 성질의 좁쌀이 적당하다.
  메밀껍질은 시원한 성질이 있으나 다소 거칠다.
  필요에 따라 구름솜을 넣어도 되며, 용도에 따라 적당한 재료를 선택한다.
  또한, 배갯속으로 넣을 좁쌀이나 메밀껍질, 구름솜 등은
  동대문종합시장, 광장시장 등의 솜 집에 의뢰, 주문한다.

*아기용 배개는 따로 원단을 구입하지 않아도 작은 자투리 천만 있으면
  만들 수 있다. 모아 둔 자투리 천들을 이용할 것을 권한다.
  위의 재료준비는 실제 재단 치수다.

재단하기

몸통 앞, 뒤판

〈가, 나, 다, 라〉는 길이는 그대로 사용하고,
폭에서 12cm씩 2번 잘라 각각 앞판과 뒤판을 2쪽씩 만든다.

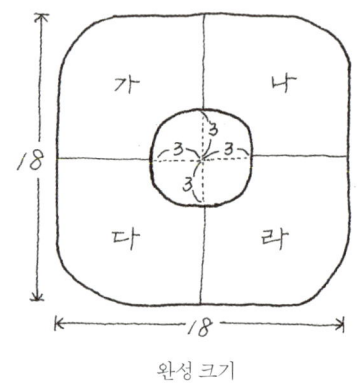

완성 크기

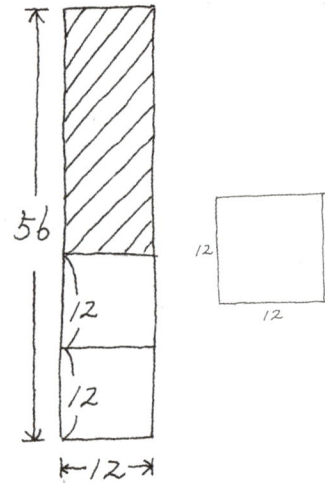

몸통 앞, 뒤판〈가, 나, 다, 라〉

만들기

몸통 앞판

〈가〉와 〈나〉를 합폭하고, 〈다〉와 〈라〉를 합폭한다.

합폭한 〈가, 나〉와 〈다, 라〉를 합폭한다.

이렇게 4쪽을 모두 합폭해 몸통 앞판을 완성해 놓는다.

몸통 뒤판

몸통 뒤판도 앞판과 같은 방법으로 합폭한다.

몸통 앞, 뒤판 고정하기

합폭된 몸통 앞판의 앞면과 뒤판의 앞면을 마주하고
시침질로 고정 시킨다.

몸통 모양 만들기

큰 원은 합폭한 〈가, 나, 다, 라〉의 4색이 합쳐진 곳 중앙에서 한쪽이 9cm 되는 곳에 점을 찍어

컴퍼스로 둥근 원을 그리고, 둥근 원의 선을 따라 합폭한다.

한 바퀴 다 박기 전에 창구멍 10cm를 남겨 둔 후, 나머지 합폭을 완성한다.

작은 원도 〈가, 나, 다, 라〉 4색이 합쳐진 중앙에서 한쪽이 3cm 되는 곳에 점을 찍어

컴퍼스로 원을 긋고, 그 선을 따라 합폭한다.

합폭이 완성된 두 원 모두 똑같이 시접 1.5cm를 남기고 나머지 부분은 잘라낸다.

뒤집기

몸통의 앞, 뒤판을 창구멍 통해 빼내고 솔기를 다듬어 손질한 후 다림질한다. 도넛 모양이 된다.

베갯속 넣기

창구멍으로 준비한 좁쌀을 넣는다. 창구멍은 공그르기로 마무리한다. (참고 : 공그르기 52p)

마무리하기

솔기를 따라 다듬고 베개 몸통을 고루 펴준다.

몸통 앞, 뒤판 합폭하기

쌍국화 장식 사각 베개

크기 : 베갯모 9 × 길이 30 × 둘레 33cm

재료 준비

베갯모

〈가 1, 2〉 모본단 초록색 : 재단 길이 6 × 폭 24cm

〈나〉 모본단 촌분홍색 : 재단 길이 6 × 폭 12cm

베개 난지

〈좌, 우〉 모본단 쪽색 : 재단 길이 36 × 폭 8cm(둘레)

베개 몸통 옥양목, 목공단 백색 : 재단 길이 23 × 폭 36cm

베갯잇 옥양목, 목공단 백색 : 재단 길이 53 × 폭 38cm

장식 쌍국화 황금색 2개

* 베갯속은 따로 주문해 둔다. 4~5세어린이용이므로 베갯속을 준비할때는 좁쌀보다 메밀껍질이 더 낫다.
* 쌍국화 장식은 자투리 천을 이용해 만들거나 만들어진 장식을 구입해 사용해도 된다.
  (참고 : 쌍국화 만들기 61p)

재단하기

베갯모

〈가 1, 2〉는 길이 6cm, 폭 6cm씩 4번 잘라 정사각형 조각 4쪽을 만든다. 베갯모의 좌, 우가 된다.

〈나〉는 길이 6cm, 폭 6cm씩 정사각형 조각 2쪽을 자른다.

양쪽 베갯모의 중앙이 된다.

난지 〈좌, 우〉

길이 36cm, 폭 8cm씩 2쪽을 자른다.

베개 몸통

길이 23cm, 폭 36cm로 자른다.

베갯잇 길이 53cm, 폭 38cm 로 자른다.

* 바느질할때는 길이를 반으로 접어 박아 겹을 만든다.
  베갯잇은 베개 몸통 길이보다 약 2cm정도 작게한다.

베갯잇을 씌운 베개(상)와
베갯잇을 씌우기 전 베개(하)

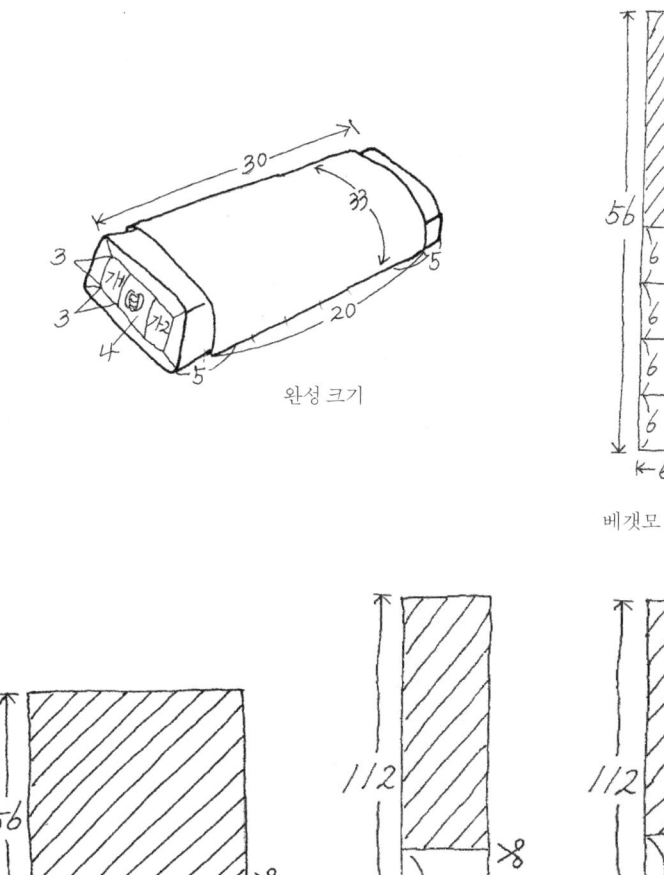

완성 크기

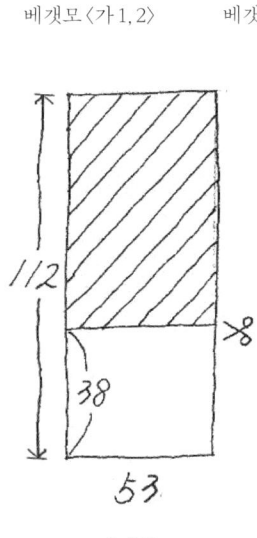

베갯모〈가 1, 2〉   베갯모〈나〉

난지〈좌, 우〉   베개 몸통   베갯잇

삼각 조각 둥근 베개

크기 : 베갯모 7×몸통 27×둘레 22cm

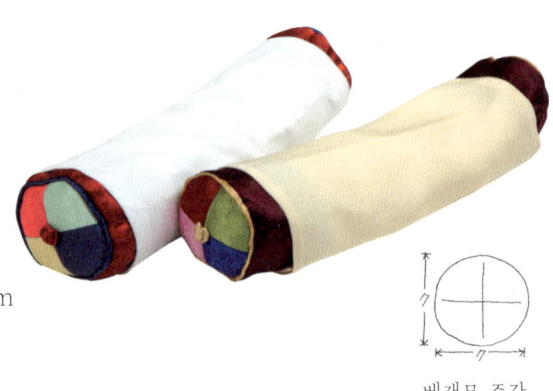

재료 준비

베갯모

〈가〉 모본단 촌분홍색 : 재단 길이 7×폭 14cm

〈나〉 모본단 비취색 : 재단 길이 7×폭 14cm

〈다〉 모본단 쪽색 : 재단 길이 7×폭 14cm

〈라〉 모본단 황금색 : 재단 길이 7×폭 14cm

베개 난지 〈좌, 우〉 모본단 벽돌색 : 재단 길이 25×폭 16cm

베개 몸통 목공단 백색 : 재단 길이 20×폭25cm

베갯잇 목공단 백색 : 재단 길이 50×폭 30cm

베갯모 가장자리 처리 (바이어스 테이프)

모본단 황금색 : 재단 길이 30×폭30cm

(폭 좌, 우 양쪽 3cm씩 2쪽)

파이핑 실 백색 약간 굵은 것 56cm

장식 쌍국화 2개

*베갯속은 겹으로 하는 것이 좋다. 따로 주문해 둔다.

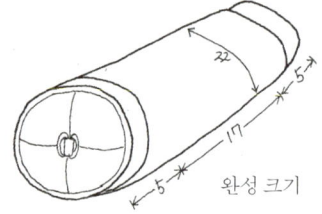

베갯모, 조각

완성 크기

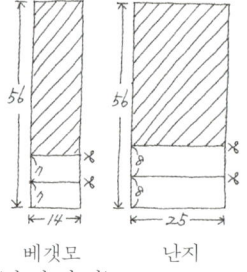

베갯모
〈가, 나, 다, 라〉

난지

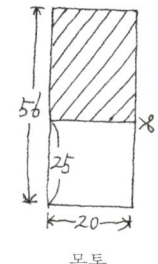

몸통

재단하기

베갯모 〈가, 나, 다, 라〉 모두 길이 7cm,
폭 7cm로 2쪽씩 재단한다.

난지 길이는 그대로 사용하고,
폭에서 8cm씩 2번 재단한다.

몸통 길이는 그대로 사용하고, 폭에서 25cm 재단한다.

베갯잇 재료 준비 그대로 사용한다.

바이어스 테이프

길이30cm, 폭 30cm 그대로 사용한다.

테이프 폭은 3cm씩 2쪽을 자른다.

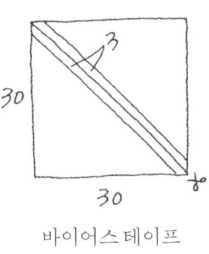

바이어스 테이프

베갯잇

면 레이스 베개

크기 : 길이 28×폭 14cm

(둘레 : 길이 14×2쪽 = 28cm가 됨)

재료 준비

베개 몸통

목공단 분홍색 : 1마 (재단 길이 31×폭 31cm)

베갯잇

목공단 백색 : 1마 (재단 길이 28×폭 33cm)

레이스

면 레이스 백색 : 1마 (재단 길이 33×폭 5cm)

*베갯속은 따로 주문해 둔다. 속으로는 좁쌀이 적당하다.

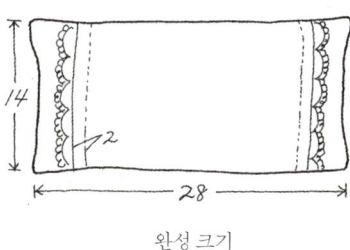

완성 크기

재단하기

몸통

길이 31cm, 폭 31cm로 자른다.

앞과 뒤가 된다.

베갯잇

길이 28cm, 폭(둘레) 33cm로 자른다.

레이스

길이 33cm, 폭 5cm 그대로 사용한다.

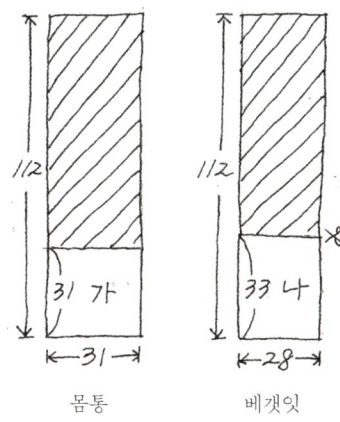

몸통   베갯잇

어른 용품

계절 이불
모본단 깃 이불
숙고사 차렵이불
생고사 인조 겹이불

조각이불
직사각 무늬 조각 이불
바둑판 조각 이불
미로 조각이불

베개
손수 둥근 베개
손수 사각 베개
삼각 장식 목베개

보료
금직 보료
수직 조각 보료

방석
잔조각 방석
아홉 조각 방석
손수 당의 장식 방석
수직 조각 방석

* 재단 그림의 숫자는 시접 3cm (상하, 또는 좌우로 1.5cm씩)를 포함한 치수입니다.
* 단위는 모두 cm 기준입니다.

계절 이불

계절마다 소재를 달리하고 멋을 내 짓는 것이 우리 이불. 한겨울이면 두툼하게 솜을 넣은 핫이불로 추위를 막았다. 또 봄, 가을에는 솜을 얇게 둔 차렵이불을 덮고 여름에는 생고사와 모시를 겹으로 지어 만든 겹이불을 덮었다. 삼복더위에는 굵은 삼베로 홑이불을 만들어 덮는다.

아파트 생활이 대부분인 요즘은 매서운 추위나 삼복더위도 걱정 없이 지나간다. 이불의 변화도 많아 겨울에는 비단 이불에 명주솜을 넣어 가볍고 포근하게, 한여름에는 인조 홑청을 감싼 생고사 이불에 퀼팅솜을 넣어 에어컨 냉기를 피하니, 사계절 뚜렷한 차이가 없다. 하루의 피곤함을 없애는 데 비단 이불의 넉넉함과 포근함만한 위로도 없다.

모본단 깃 이불 (침대용)

크기 : 길이 210 × 폭 200cm

재료준비

이불 몸판

〈가 1, 2, 3〉 모본단 은행색 : 5마 (재단 길이 148×3폭)

이불깃

〈나〉 모본단 자주색 : 2마 (재단 길이 163×폭 28cm)

이불 난지

〈상, 하, 좌, 우〉 모본단 황금색 : 4.5마 (재단 길이 376×2폭)

뒤판 홑청

〈1〉, 〈2〉 명주 미색 : 5마 (재단 길이 426×2폭)

지퍼 백색 180cm, 지퍼 슬라이더

장식 손수 당의 장식판 쪽색

이불 끈과 고리 면 테이프 160×3cm

이불속 명주솜 3~4장 두께 (길이 213×폭 203cm)

* 이불속은 동대문종합시장, 광장시장의 솜 집에 의뢰, 주문한다.
  이불속은 완성 크기보다 3~4cm 커야 하며,
  솜의 두께는 원하는 대로 선택하면 된다..
* 손수 당의 장식판은 직접 만들어도 되고, 구입해 사용해도 된다.
  (참고 : 손수 당의 장식판 만들기 62p)

재단하기

몸판

〈가 1, 2, 3〉은 길이만 148cm씩 3폭을 자른다.

깃

〈나〉 길이 163cm를 반으로 접어 핀 꽂고
폭에서 28cm를 자른다.

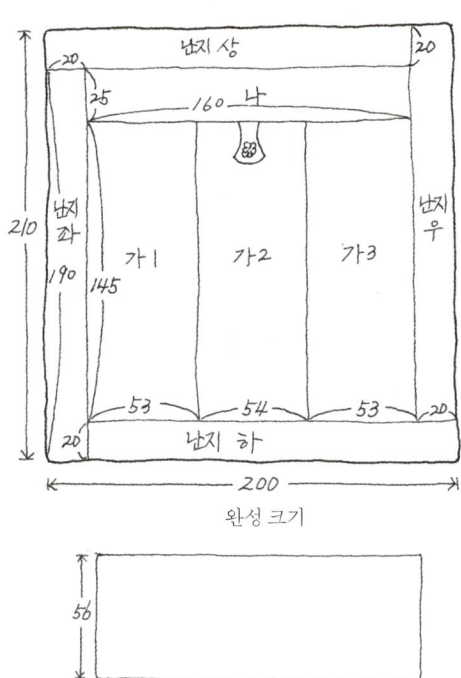

완성 크기

몸판 〈가 1, 2, 3〉

난지

〈상, 하〉는 길이 183cm를 반으로 접어
핀 꽂고 폭을 23cm씩 2번 자른다.
〈좌, 우〉는 길이 193cm를 반으로 접어
핀 꽂고 폭을 23cm씩 2번 자른다.

뒤판 홑청

〈1〉은 길이를 213cm씩 2번 잘라
한쪽 그대로 사용한다.
〈2〉는 길이 213cm, 폭 93cm로 자른다.

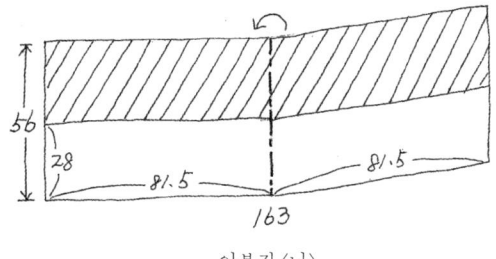

이불깃 〈나〉

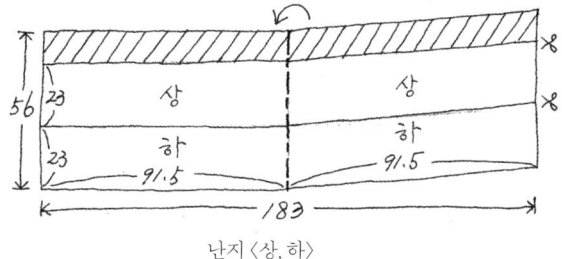

난지 〈상, 하〉

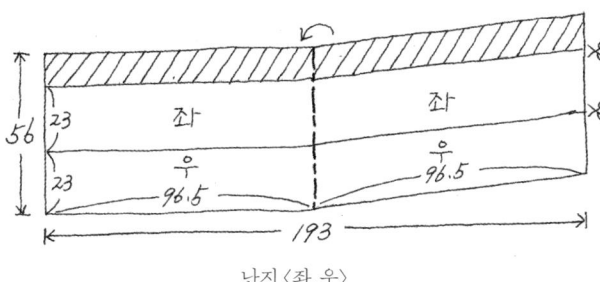

난지 〈좌, 우〉

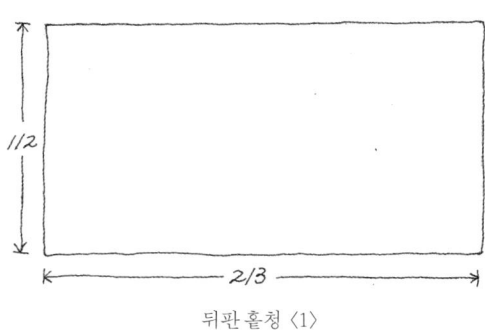

뒤판 홑청 〈1〉

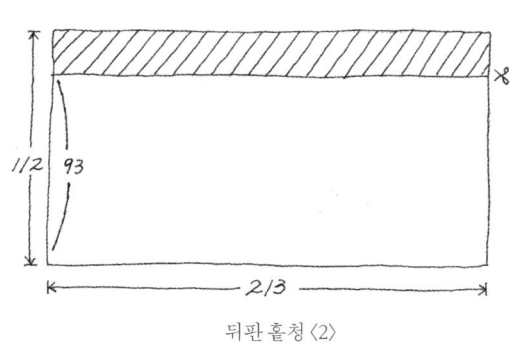

뒤판 홑청 〈2〉

만들기

몸판 합폭하기

〈가1〉과〈가2〉를 길이로 합폭하고, 이어서〈가3〉도 합폭한다.

*〈가1〉과〈가3〉은 폭을 53cm로 하고,〈가2〉만 폭을 54cm로 한다.

몸판과 깃 합폭하기

합폭된 몸판과 깃〈나〉를 합폭한다.

몸판과 난지 합폭하기

깃과 하나로 합폭된 몸판을 난지〈좌〉와 합폭한다.

난지〈좌〉 폭이 23cm가 된다.

*나중에 난지〈하〉와 합폭하게 된다.

난지〈좌〉와 합폭된 몸판을 난지〈상〉과 무늬를 맞추어 합폭한다.

난지〈상〉과 합폭된 몸판을 난지〈우〉와 합폭한다.

난지〈우〉와 합폭된 몸판을 난지〈하〉와 합폭한다.

이때 난지〈좌〉 끝에 남아 있는 23cm를 난지〈하〉의 끝과 마저 합폭하게 된다.

몸판, 깃, 난지가 모두 합폭되어 이불의 몸판이 완성된다.

장식 달기

준비한 손수 당의 장식판 장식을 이불 몸판〈가2〉의 중앙 상에 단다.

이때 박음질하거나 상침을 뜨면 된다. (참고: 상침 뜨기 52p)

뒤판 홑청〈1〉,〈2〉 합폭하기

재단해 둔 뒤판 홑청〈1〉과〈2〉를 길이로 합폭해 뒤판 홑청을 완성한다.

몸판과 뒤판 홑청 합폭하기

합폭한 뒤판 홑청〈1, 2〉를 바닥에 넓게 펴놓는다.

그 위에 완성된 이불 몸판을 뒤집어 엎어 놓고 사방에 핀을 꽂거나 시침을 해서 고정시킨다.

난지〈상〉 좌측 끝에서 시작해서 시계 방향으로 난지〈우〉, 난지〈하〉를 박는다.

난지〈좌〉의 끝에서 20cm까지 박음질한 후 지퍼를 달 부분 170cm를 남기고

나머지 20cm를 마저 박아 합폭을 완성한다.

지퍼 달기

준비한 지퍼를 단다. (참고: 지퍼 달기 ② 55p)

뒤집기

열린 지퍼 사이로 이불 몸판을 모두 빼낸 후 솔기를 다듬고 다림질한다.

이불속 넣기

열린 지퍼 사이로 미리 준비해 둔 이불속을 넣어 편편하게 한다.

*이불 끈과 고리는 준비한 면 테이프를 20cm씩 잘라 미리 만들어 둔다.
 이불속의 네 귀퉁이에는 고리를, 홑청의 네 귀퉁이에는 끈을 달아 둔다.
 이불속과 홑청의 귀퉁이에 각각 미리 박아둔 고리와 끈으로 양쪽을 묶어 주어 이불속을 고정시킨다.

숙고사 차렵이불(침대용)

크기 : 길이 210×폭 200cm

재료준비

이불 몸판

〈가 1, 2〉 본견 숙고사 황금색 : 3.5마

(재단 길이 296×1폭 112cm)

이불깃

〈나〉 본견 숙고사 자주색 : 2마

(재단 길이 163× 폭 28cm)

이불 난지

〈상, 하, 좌, 우〉 본견 숙고사 회색 : 2.5마

(재단 길이 193×폭 112cm)

뒤판 홑청

〈1〉, 〈2〉 명주 미색 5마

(재단 길이 426×폭 112cm)

이불 몸판 안감

〈1〉, 〈2〉 폰지 백색 5마 (재단 길이 426×폭 112cm)

지퍼 백색 길이 180cm, 지퍼 슬라이더

장식 손수 사각 장식판

이불 끈과 고리 면 테이프 160×3cm

이불속 명주솜 3~4장 두께(길이 213×폭 203 cm)

＊이불속은 동대문종합시장, 광장시장의 솜 집에 의뢰, 주문한다.
　이불속은 완성 크기보다 3~4cm 커야 하며,
　솜의 두께는 원하는 대로 선택하면 된다.

＊손수 사각 장식판은 직접 만들어도 되고,
　구입해 사용해도 된다.(참고 : 손수 사각 장식판 만들기 63p)

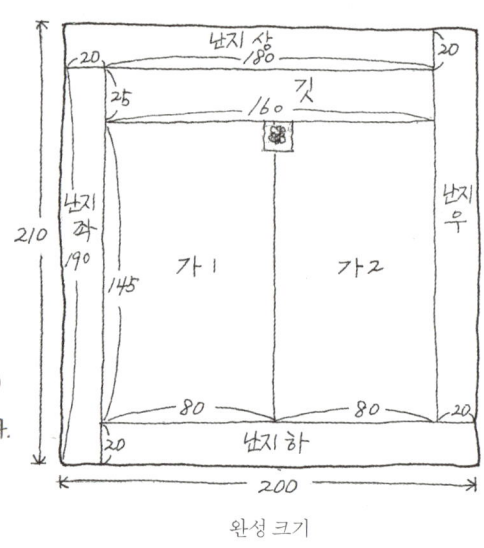

완성 크기

재단하기

몸판

〈가1, 2〉는 길이 296cm를 이등분해서 자른 후,
2장의 천을 포개서 핀 꽂고 폭을 83cm로
자른다. 앞, 뒤에서 2쪽이 나온다.

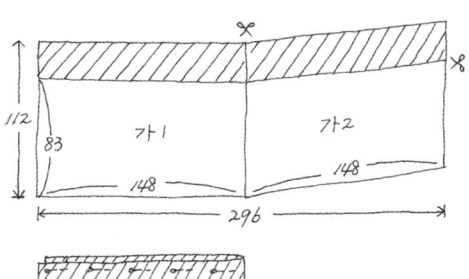

깃

〈나〉길이 163cm를 반으로 접어 핀 꽂고
폭에서 28cm를 자른다.

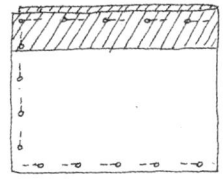

몸판〈가1, 2〉, 핀 꽂기

난지

〈좌, 우〉부터 재단한다.
길이 193cm를 반으로 접어 핀 꽂아 고정하고
폭을 23cm씩 2번 자른다.
〈상, 하〉는 남는 원단에서
길이 183cm, 폭 23cm씩 2번 자른다.

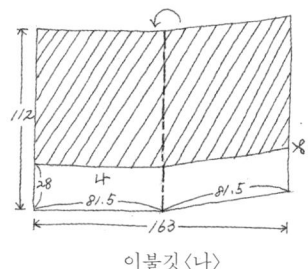

이불깃〈나〉

뒤판 홑청

〈1〉은 길이 213cm를 자른다.
〈2〉는 남는 길이 213cm는 그대로 사용하고,
폭을 93cm로 자른다.

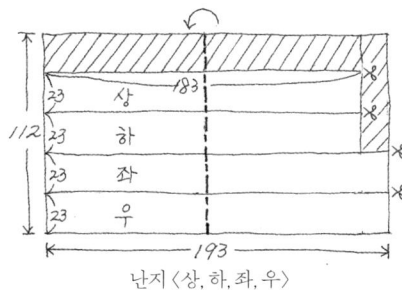

난지〈상, 하, 좌, 우〉

몸판 안감

〈1〉, 〈2〉는 홑청 〈1〉, 〈2〉와 같이 재단한다.

*숙고사는 얇고 속이 비치므로 안감을 꼭 대야 한다.

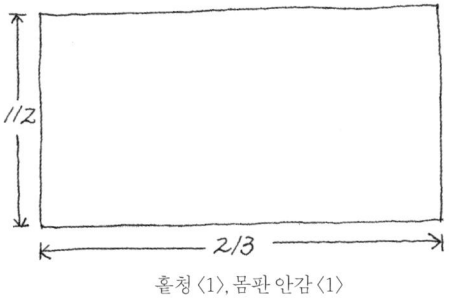

홑청 〈1〉, 몸판 안감 〈1〉

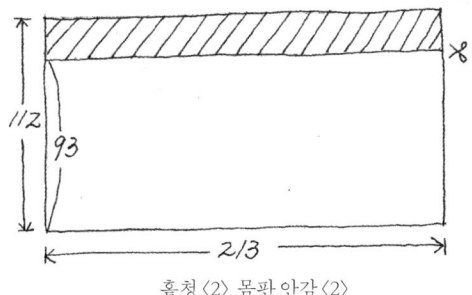

홑청 〈2〉, 몸판 안감 〈2〉

생고사 인조 겹이불(1인용)

크기 : 길이 200 × 폭 140cm

재료준비

이불 몸판

⟨가⟩ 생고사 가지보라색 : 1.5마

(재단 길이 117 × 폭 56cm)

⟨나 상, 하⟩ 생고사 진황금색 : 1마

(재단 길이 56 × 폭 46cm)

⟨나 좌, 우⟩ 생고사 옥색 : 1.5마

(재단 길이 117 × 폭 46cm)

⟨다 1, 2, 3, 4⟩ 생고사 벽돌색 : 1마

(재단 길이 46 × 폭 46cm)

⟨라 상, 하⟩ 생고사 베이지색 : 1.5마

(재단 길이 120 × 폭 46cm)

⟨라 좌, 우⟩ 생고사 베이지색 : 2마

(재단 길이 180 × 폭 46cm)

이불 몸판 안감

⟨1⟩, ⟨2⟩ 물빨래 생고사 : 5마

(재단 길이 406 × 폭 112cm)

이불 뒤판 홑청

⟨1⟩, ⟨2⟩ 인조견 백색 : 5마

(재단 길이 430 × 폭 112cm)

장식 술

*술장식은 직접 만들어도 되고, 구입해 사용해도 된다.
 (참고 : 술만들기 62p)

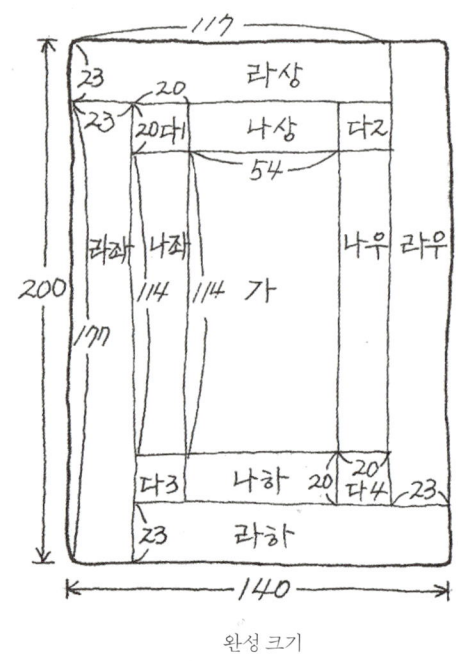

완성 크기

재단하기

몸판

〈가〉길이 117×폭 56cm 그대로 사용한다.

〈나 상, 하〉길이 56cm, 폭 23cm씩 2쪽 자른다.

〈나 좌, 우〉길이 117cm, 폭 23cm씩 2쪽 자른다.

〈다 1, 2, 3, 4〉길이 46cm를 반으로 자르고
포개서 23cm씩 2번을 자르면
앞, 뒤 4쪽이 나온다.

〈라 상, 하〉길이 120cm에서 폭을
26cm씩 2쪽을 자른다.

〈라 좌, 우〉길이 180cm, 폭 26cm씩
2쪽을 자른다.

몸판 안감

〈1〉길이 406cm를 반으로 자르고
폭을 103cm로 잘라 놓는다.

〈2〉나머지 원단에서 폭 43cm를 자른다.

뒤판 홑청

〈1〉길이 203cm, 폭을 103cm로 자른다.

〈2〉나머지 원단에서 폭 43cm를 자른다.

* 인조견은 세탁하면 원단이 줄 수 있다.
  재단하기 전에 먼저 그대로 물에 담가 두었다가
  하루가 지난 후에 널어 말려서
  촉촉할때 다려 준다.
  줄어든 부분을 확인하고
  치수에 맞추어 재단한다.

* 생고사는 속이 비치므로 안감이나
  뒤판 인조견의 이음새가
  보이지 않도록.
  미리 살펴 앞판의 이음새 있는
  곳과 맞추어 준다.

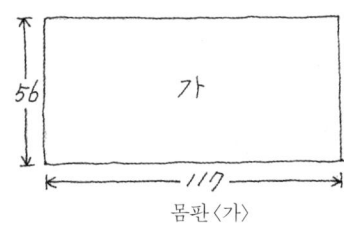

몸판〈가〉

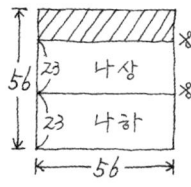
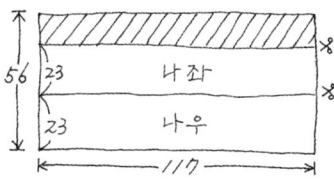

몸판 나〈상, 하, 좌, 우〉

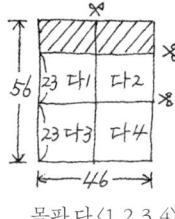

몸판 다〈1, 2, 3, 4〉

몸판 라〈상, 하〉

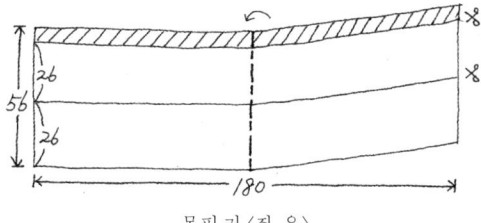

몸판 라〈좌, 우〉

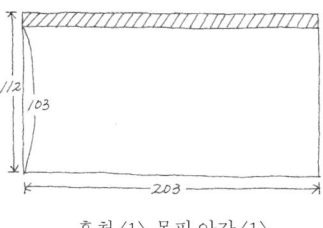

홑청〈1〉, 몸판 안감〈1〉

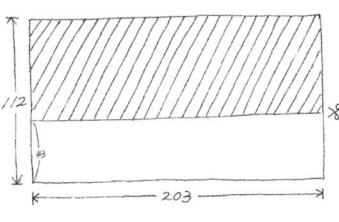

홑청〈2〉, 몸판 안감〈2〉

만들기

*생고사는 속이 많이 비치는 소재이다. 때문에 합폭할 때 깨끼 바느질로 한다.

1

원단 2폭을 포개서 시접을 1.5cm 남기고 합폭한다. 바느질 땀수는 1mm 정도로 한다.

2

바느질 선을 따라 꺾어 다림질하고 1cm 안으로 눌러 박는다.

3

나머지 시접 부분은 최대한 바짝 가위로 깨끗하게 잘라낸 후 꺾어 다시 한번 다림질한다.

4

다림질해 눌러 둔 시접 부분을 다시 한번 더 눌러 박는다.

* 깨끼바느질은 바느질 땀수가 좁을수록 고급 바느질이다. 사진의 과정 부분은 구분을 위해 넓게 바느질했다.

몸판 합폭하기

몸판 합폭은 아래의 순서대로 한다.

1. 〈다 1〉과 〈나 상〉을 합폭하고, 이어서 〈다 2〉를 합폭한다.

2. 〈나 좌〉와 〈가〉를 합폭하고, 이어서 〈나 우〉를 합폭한다.

3. 〈다 3〉과 〈나 하〉를 합폭하고, 이어서 〈다 4〉를 합폭한다.

4. 위의 합폭된 〈다 2〉와 〈나 우〉를 합폭한 후, 이어서 〈다 4〉를 합폭한다.

5. 지금까지 합폭된 〈다 4〉에 〈라 좌〉를 합폭하고, 〈라 상〉을 합폭한다.

이어서 〈라 우〉와 〈라 하〉를 합폭한다.

이불 몸판이 완성된다.

몸판 안감 〈1〉, 〈2〉 합폭하기

2쪽으로 잘라 놓은 안감 〈1〉, 〈2〉를 길이로 합폭한다.

몸판의 안감 대기

이불 몸판의 앞면이 위로 오게 하고 안감의 뒷면이 위로 오게 해

몸판과 안감을 앞면끼리 마주한다. 이불의 상에서 시계 방향으로 한 바퀴 돌아가며 박아준다.

이때 제자리로 돌아오기 전 20cm 부분에서 멈추고 창구멍을 15~20cm 내준다.

뒤집기

창구멍으로 이불의 몸판을 뒤집어 빼낸다. 창구멍은 공그르기로 마감한다. (참고 : 공그르기 52p)

뒤판 홑청 만들기

준비한 뒤판 홑청 〈1〉과 〈2〉를 길이로 먼저 합폭한 후,

홑청 한쪽을 끝에서 2cm 접어 꺾고 다시 한번 꺾어 접어 눌러 박는다.

이와 같이 한 방향으로 사방을 돌아가며 눌러 박는다.

길이 200cm, 폭 140cm가 되도록 한다.

몸판, 뒤판 합폭하기

완성해 놓은 홑청의 앞면을 바닥에 깔고 뒷면이 위로 오도록 한다.

그 위에 완성된 이불 몸판을 앞면이 위로 오도록 올린다.

뒷면끼리 맞댄 홑청과 몸판을 중심을 잘 맞추어 시침질로 고정한다.

몸판과 홑청을 맞잡고 공그르기로 마무리한다. (참고 : 공그르기 52p)

* 세탁할 때는 바느질 부분을 뜯어서 분리한 후 다시 공그르기로 마무리한다.
 번거롭다면 간격을 두고 공그르기하여 사용한다.
*단추 홑청으로 만들고 싶다면 앞 부분의 아기용 '손수 장식 깃 이불' 만들기를 참고한다.
 (참고 : 손수 장식 깃 이불 144p)

조각 이불

조각 이불은 만드는 시간과 공이 배로 든다. 자잘한 천들을 소중히 모아 만든 정성도 귀하지만, 작은 천들 하나하나를 이어 붙일 때마다 복과 수명이 늘어난다고 믿었던 간절한 염원이 담겼다. 이처럼 조각 이불에는 자투리 천 하나 허투루 버리지 않는 알뜰한 마음과 함께 가족과 이웃을 위한 기원이 담겼다. 여러 가지 색상과 모양의 천을 이어 붙여 만든 직사각 무늬 조각 이불, 바둑판 조각 이불, 미로 조각 이불은 여태껏 어디서도 만나지 못했던 과감한 면 분할과 화려한 색의 조화가 돋보여 더없이 현대적이다.

직사각 무늬 조각 이불 (1인용)

크기 : 길이 200 × 폭 140cm

재료 준비

이불 몸판

〈가〉 모본단 벽돌색 : 1마
(재단 길이 83 × 폭 23cm)

〈나〉 모본단 검정색 : 2마
(재단 길이 146 × 폭 92cm)

〈다〉 모본단 연두색 : 3마
(재단 길이 226 × 폭 92cm)

〈라〉 모본단 진달래색 : 3.5마
(재단 길이 306 × 폭 92cm)

뒤판 홑청

〈1〉, 〈2〉 명주 미색 : 5마 (재단 길이 406 × 1폭 112cm)

몸판 안감

〈1〉, 〈2〉 폰지 백색 : 5마 (재단 길이 406 × 1폭 112cm)

지퍼 분홍색 길이 170cm, 지퍼 슬라이더

이불 끈과 고리 면 테이프 160 × 3cm

장식 달기 쌍국화 6개

이불속 명주솜 3~4장 두께(길이 213 × 폭143cm)

*이불속은 동대문종합시장, 광장시장 솜 집에 의뢰, 주문한다.
 이불속은 완성 크기보다 3~4cm 커야 하며,
 솜의 두께는 원하는 대로 선택하면 된다.

재단하기

몸판(조각)

1. 〈가〉 길이 83cm, 폭 23cm 그대로 사용한다.

2. 〈나 상, 하〉 길이 146cm를 43cm로 자르고,

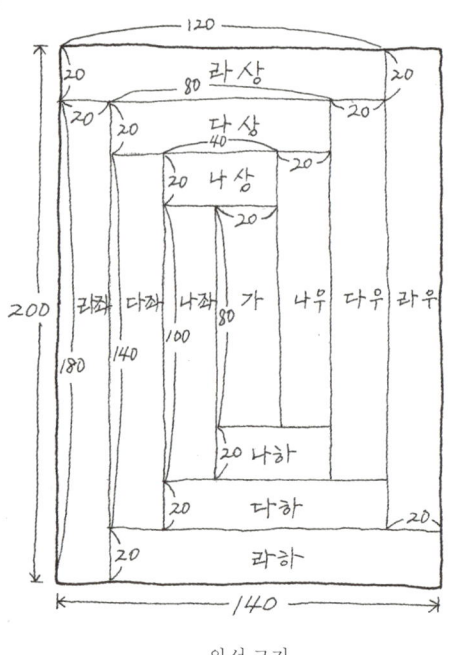

완성 크기

폭은 23cm씩 2번 잘라 2쪽을 만든다. 나머지 길이 103cm에서
폭을 23cm씩 2번 자르면 〈나 좌, 우〉2쪽이 나온다.

3. 〈다 상, 하〉길이 226cm를 83cm로 자르고
폭을 23cm씩 2번 잘라 〈다 상, 하〉를 만든다.
〈다 좌, 우〉나머지 길이 143cm에서
폭을 23cm씩 2번 잘라 〈다 좌, 우〉를 만든다.

4. 〈라 상, 하〉길이 306cm에서
123cm를 자르고 폭을 23cm씩 2번 자른다.
〈라 좌, 우〉나머지 길이 183 cm에서
폭을 23cm씩 2번 자른다.

뒤판 홑청

〈1〉길이 406cm를 이등분해 잘라
한쪽은 그대로 사용한다.
〈2〉나머지 원단 203cm에서
폭을 33cm로 자른다.

몸판 안감 〈1〉, 〈2〉는
홑청 〈1〉, 〈2〉와 같이 재단한다.

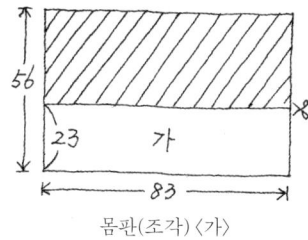

몸판(조각)〈가〉

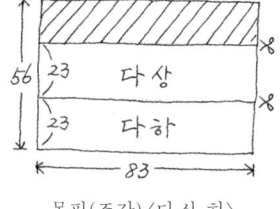

몸판(조각)〈나 상, 하〉

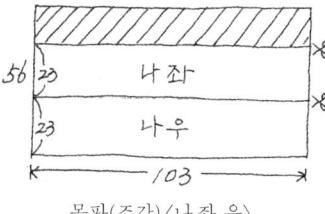

몸판(조각)〈나 좌, 우〉

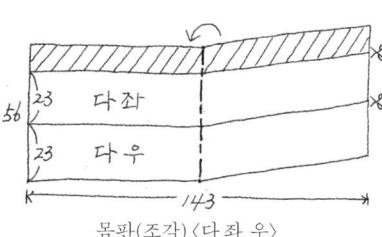

몸판(조각)〈다 상, 하〉   몸판(조각)〈다 좌, 우〉

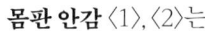

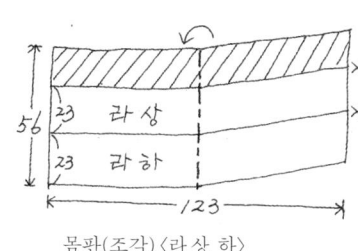

몸판(조각)〈라 상, 하〉

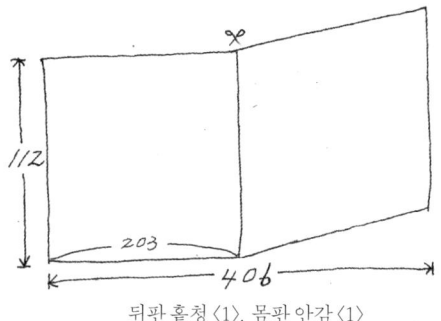

뒤판 홑청〈1〉, 몸판 안감〈1〉

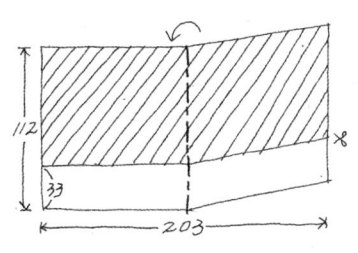

뒤판 홑청〈2〉, 몸판 안감〈2〉

몸판(조각)〈라 좌, 우〉

만들기

몸판(조각) 합폭하기

1. 〈가〉와 〈나 좌〉를 합폭한다.

2. 합폭된 〈나 좌〉와 〈나 상〉을 합폭한다.

3. 합폭된 〈나 상〉과 〈나 우〉를 합폭하고, 이어서 〈나 우〉와 〈나 하〉를 합폭한다.

4. 위와 같은 방법으로 합폭된 〈나 하〉와 〈다 좌〉를 합폭하고,

〈다 상〉, 〈다 우〉, 〈다 하〉를 차례대로 합폭한다.

5. 지금까지 합폭된 〈다 하〉와 〈라 좌〉를 합폭한다.

6. 여기에 〈라 상〉, 〈라 우〉, 〈라 하〉를 차례대로 합폭한다.

이불 몸판의 조각을 모두 합폭해 완성했다.

완성된 몸판(조각)의 길이는 203cm, 폭 143cm가 된다.

몸판 안감 〈1〉, 〈2〉 합폭하기

몸판 안감 〈1〉과 〈2〉를 길이로 합폭한다.

몸판의 안감 대기

이불 몸판의 앞면이 위로 오게 하고 안감의 뒷면이 위로 오게 해

몸판과 안감을 앞면끼리 마주한다. 이불의 상에서 시계 방향으로 한 바퀴 돌아가며 박아준다.

이때 제자리로 돌아오기 전 20cm 부분에서 멈추고 창구멍을 15~20cm 내준다.

뒤집기

창구멍으로 몸판을 빼내고, 창구멍은 다시 박아준다.

뒤판 홑청 합폭하기

뒤판 홑청 〈1〉과 〈2〉를 길이로 합폭한다.

몸판과 뒤판 홑청 합폭하기

완성된 이불 몸판의 앞면이 위로 오게 하고 합폭한 홑청을 뒷면이 위로 오게 엎어 얹는다.

사방 핀 꽂아 고정 시킨 후, 이불의 위쪽 좌측에서부터 시계 방향으로 합폭해 나간다.

이때 이불 위쪽의 '좌'에서 '우'로, '우'에서 '하'로, '하'에서 '좌'로 꺾어가며 박음질한다.

20cm 지점에서 박음질을 멈추고 지퍼 달 자리 170cm를 남겨 둔다.

지퍼 자리를 건너뛰어서 나머지 20cm를 합폭해 마무리한다.

지퍼 달기

170cm 남겨 둔 자리에 지퍼를 단다. (참고 : 지퍼 달기 ② 55p)

마무리하기

이불의 몸판을 넓고 반듯하게 펴놓고 열린 지퍼속으로 이불속을 넣고 편편하게 펴준 후 다림질해 마무리한다.

* 이불 끈과 고리는 준비한 면 테이프를 20cm씩 잘라 미리 만들어 둔다.
  이불속의 네 귀퉁이에는 고리를 이불 뒤판 홑청 안쪽 시접의 네 귀퉁이에는 끈을 달아 둔다.
  이불속과 홑청 귀퉁이에 각각 미리 박아둔 고리와 끈으로 양쪽을 묶어 주어 이불속을 고정시킨다.

장식 달기

쌍국화 6개는 앞의 사진처럼 간격을 맞추어 이불 앞판에 손바느질로 단다.

(참고 : 쌍국화 만들기 61p)

바둑판 조각 이불

크기 : 길이 200×폭 150cm (17줄×13칸)

재료 준비

이불 몸판

〈가〉 모본단 쪽색 : 1.5마 (재단 길이 104×폭 56cm)

〈나〉 모본단 벽돌색 : 2마 (재단 길이 143×폭 56cm)

〈다〉 모본단 은회색 : 1.5마 (재단 길이 130×폭 56cm)

〈라〉 모본단 연분홍색 : 1.5마 (재단 길이 117×폭 56cm)

〈마〉 모본단 은행색 : 1.5마 (재단 길이 104×폭 56cm)

〈바〉 모본단 자주색 : 1.5마 (재단 길이 91×폭 56cm)

〈사〉 모본단 황금색 : 1마 (재단 길이 78 ×폭 56cm)

난지 〈상, 하, 좌, 우〉

모본단 황금색 : 4마 (재단 길이 331×폭 56cm)

뒤판 홑청

〈1〉, 〈2〉 명주 미색 : 5마 (재단 길이 406×폭 112cm)

몸판 안감

〈1〉, 〈2〉 폰지 백색 : 5마 (재단 길이 406×폭 112cm)

지퍼 백색 150cm, 지퍼 슬라이더

이불 끈과 고리 면 테이프 160×3cm

이불속 명주솜 2~3장 두께(길이 203×153cm)

*이불속은 동대문종합시장, 광장시장 솜 집에 의뢰, 주문한다.
  이불속은 완성 크기보다 3~4cm 커야하며,
  솜의 두께는 원하는 대로 선택하면 된다..

재단하기

몸판(조각)

*조각 1개 : 길이 10×폭 10cm (재단 길이 13×폭 13cm)
  길이 13cm×폭 13cm 1조각은 모본단 1폭(56cm)에서 4조각이 나온다.

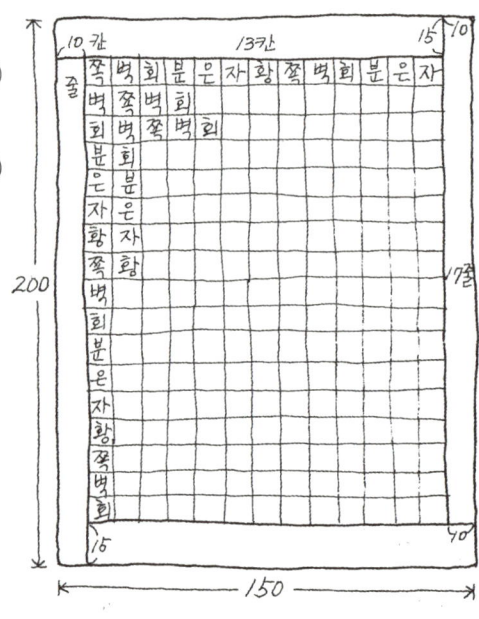

완성 크기

〈가〉 32조각 (길이 104cm)

〈나〉 41조각 (길이 143cm)

〈다〉 37조각 (길이 130cm)

〈라〉 33조각 (길이 117cm)

〈마〉 30조각 (길이 104cm)

〈바〉 26조각 (길이 91cm)

〈사〉 22조각 (길이 78cm) = 총 221조각 (참고, 그림)

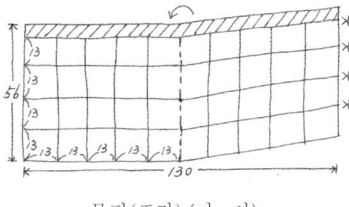

몸판(조각) 몸판(조각)
완성 크기 재단 크기

몸판(조각) 〈가~사〉

〈가〉는 104cm에서 길이 13cm,
폭 13cm씩 그림처럼 선을 그어 자르면 모두 32조각이 나온다.
나머지 〈나〉, 〈다〉, 〈라〉, 〈마〉, 〈바〉, 〈사〉도 이와 같이 한다.

난지 〈상, 하〉는 길이 331cm에서 143cm로 자른 후
반으로 접어 핀 꽂고 폭을 18cm씩 2번 자른다.
〈좌, 우〉는 나머지 원단 길이 188cm를 반으로 접어
핀 꽂고 폭을 18cm씩 2번 자른다.

뒤판 홑청 〈1〉은 길이 406cm를 2등분해서
잘라 한쪽은 그대로 사용한다.
〈2〉는 길이 203cm를 반으로 접어 핀 꽂고
폭에서 44cm를 자른다.

몸판 안감

〈1〉, 〈2〉는 홑청 〈1〉, 〈2〉와 같이 재단한다.

(참고: 아기용 '바둑판 조각 이불'의 재단과 만들기 152p)

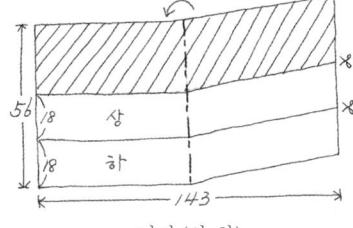

난지 〈상, 하〉

난지 〈좌, 우〉

뒤판 홑청 〈1〉, 몸판 안감 〈1〉

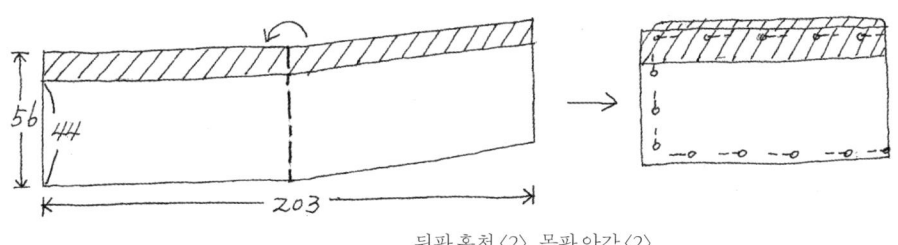

뒤판 홑청 〈2〉, 몸판 안감 〈2〉

미로 조각 이불

크기 : 길이 190 × 폭 146cm

재료 준비

이불 몸판

〈가〉모본단 베이지색 : 1마 (재단 길이 66 × 폭 56cm)

〈나〉모본단 중회색 : 1마 (재단 길이 59 × 폭 56cm)

〈다〉모본다 진회색 : 1마 (재단 길이 63 × 폭 56cm)

〈라〉모본단 벽돌색 : 1.5마 (재단 길이 96 × 폭 56cm)

〈마〉모본단 은행색 : 1마 (재단 길이 83 × 폭 56cm)

〈바〉모본단 연분홍색 : 1마 (재단 길이 83 × 폭 56cm)

〈사〉모본단 황금색 : 1마 (재단 길이 63 × 폭 56cm)

〈아〉모본단 연보라색 : 1마 (재단 길이 66 × 폭 56cm)

난지 〈상, 하, 좌, 우〉

모본단 연분홍색 : 4마 (재단 길이 316 × 폭 56cm)

뒤판 홑청

〈1〉, 〈2〉명주 미색 : 4마 (재단 길이 386 × 폭 112cm)

이불 몸판 안감

〈1〉, 〈2〉폰지 백색 : 4마

(재단 길이 386 × 폭 112cm)

지퍼 백색 길이 160cm, 지퍼 슬라이더

이불 끈과 고리

면 테이프 160 × 3cm

이불속

명주솜 2~3장 두께 (길이 193 × 폭 149cm)

* 이불속은 동대문종합시장, 광장시장 솜 집에 의뢰, 주문한다.
  이불속은 완성 크기보다 3~4cm 커야 하며,
  솜의 두께는 원하는 대로 선택하면 된다.

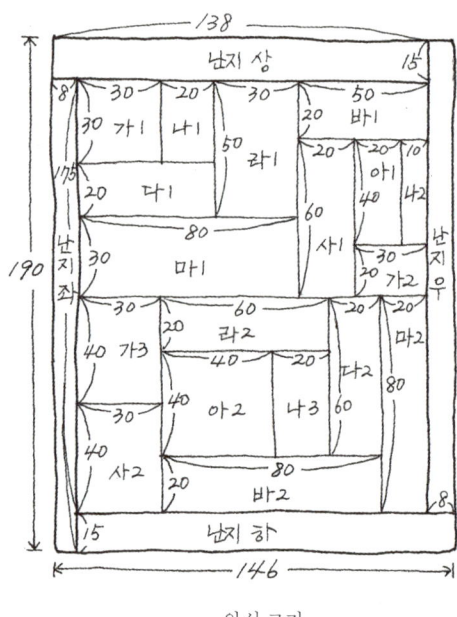

완성 크기

192

재단하기

몸판(조각)

〈가1〉길이 33cm를 자르고 폭도 33cm 자른다.

〈가2〉길이 33cm를 자르고 폭은 23cm 자른다.

〈가3〉길이 33cm를 자르고 폭은 43cm 자른다.

〈나1〉길이 23cm를 자르고 폭은 33cm 자른다.

〈나2〉길이 13cm를 자르고 폭은 43cm 자른다.

〈나3〉길이 23cm를 자르고 폭은 43cm를 자른다.

〈다1〉길이 53cm를 자르고 폭은 23cm를 자른다.

〈다2〉길이 63cm를 자르고 폭은 23cm를 자른다.

〈라1〉길이 33cm를 자르고 폭은 53cm를 자른다.

〈라2〉길이 63cm를 자르고 폭은 23cm를 자른다.

〈마1〉길이 83cm를 자르고 폭은 33cm를 자른다.

〈마2〉길이 83cm를 자르고 폭은 23cm를 자른다.

〈바1〉길이 53cm를 자르고 폭은 23cm를 자른다.

〈바2〉길이 83cm를 자르고 폭은 23cm를 자른다.

〈사1〉길이 63cm를 자르고 폭은 23cm를 자른다.

〈사2〉길이 43cm를 자르고 폭은 33cm를 자른다.

〈아1〉길이 23cm를 자르고 폭은 43cm를 자른다.

〈아2〉길이 43cm를 자르고 폭은 43cm를 자른다.

* 모본단 1폭은 56cm인데 폭이 63cm가 안되므로 폭과 길이를 바꾸었다.
예로 〈다2〉,〈사1〉과〈마1, 2〉,〈바2〉가 이와 같은 경우다.

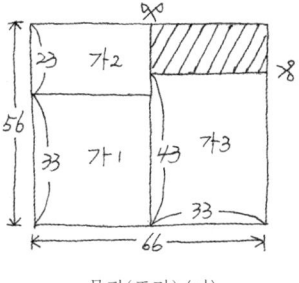

몸판(조각)〈가〉

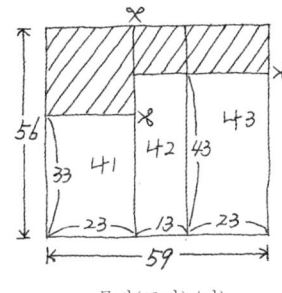

몸판(조각)〈나〉

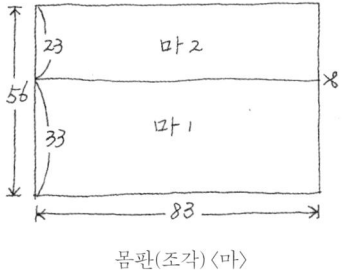

몸판(조각)〈다〉

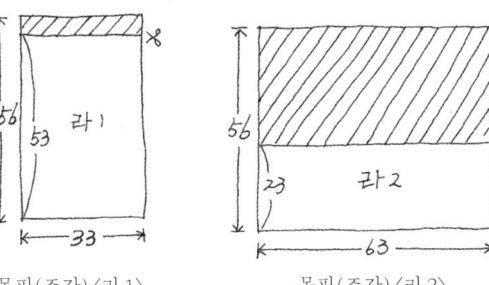

몸판(조각)〈라1〉　　몸판(조각)〈라2〉　　몸판(조각)〈마〉

193

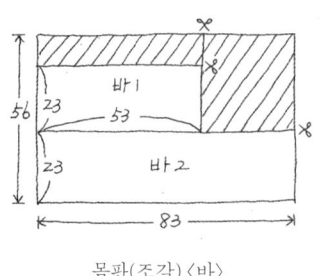

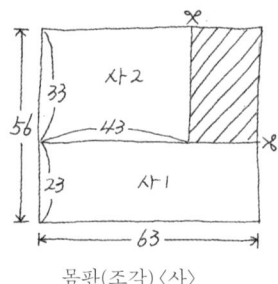

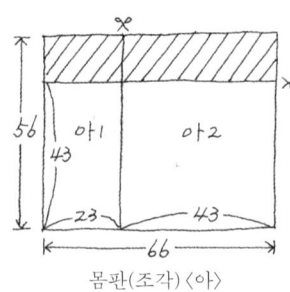

몸판(조각) 〈바〉　　　　몸판(조각) 〈사〉　　　　몸판(조각) 〈아〉

난지

〈상, 하〉 길이 141cm를 자른다.

폭에서 18cm를 2번 자른다.

〈좌, 우〉 길이 178cm를 자른다.

폭에서 11cm를 2번 자른다.

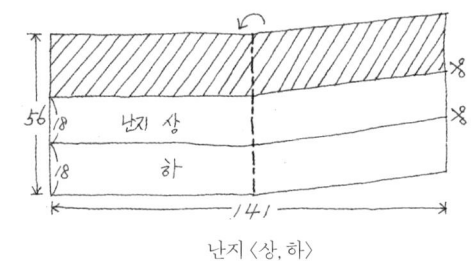

난지 〈상, 하〉

뒤판 홑청

〈1〉은 길이만 193cm 자르고

폭은 그대로 사용한다.

〈2〉는 나머지 원단에서

폭을 40cm로 자른다.

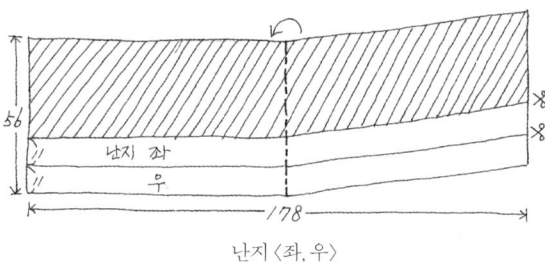

난지 〈좌, 우〉

몸판 안감

〈1〉, 〈2〉는 뒤판 홑청과 같이 한다.

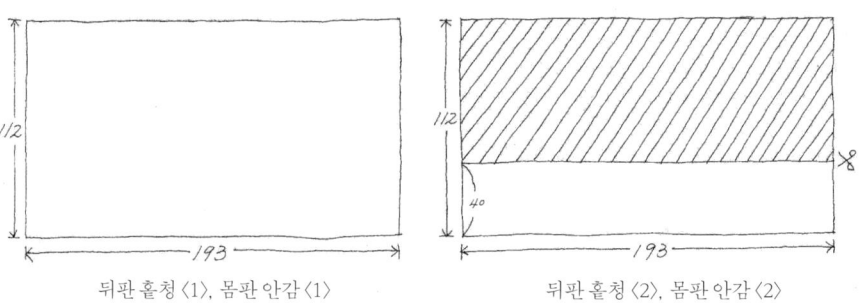

뒤판 홑청 〈1〉, 몸판 안감 〈1〉　　　　뒤판 홑청 〈2〉, 몸판 안감 〈2〉

베개

베개는 잠자리의 필수품이면서, 그 꾸밈에도 관심이 많았다. 희고 정갈한 베갯잇으로 덮어 씌어 소박한 가운데도 베갯모마다 수를 놓고 장식을 달아 화려한 멋을 보탰다. 또한 불로침, 구봉침 등을 만들어 사용하는 이에 따라 용도와 모양을 달리하며 식구들의 수복강령을 기원했다. 흔히 베던 둥근 베개와 손수 사각 베개는 잠자리에서의 용도뿐만 아니라 이부자리 위에 다소곳이 올려 놓아 방 안을 꾸며 주는 은근한 멋이 있다. 색색의 비단으로 만든 앙증맞은 삼각 베개는 그 자체로도 훌륭한 장식품이다.

손수둥근베개 (팔걸이, 등받이용)

크기 : 베갯모 15 × 길이 55 × 둘레 55cm

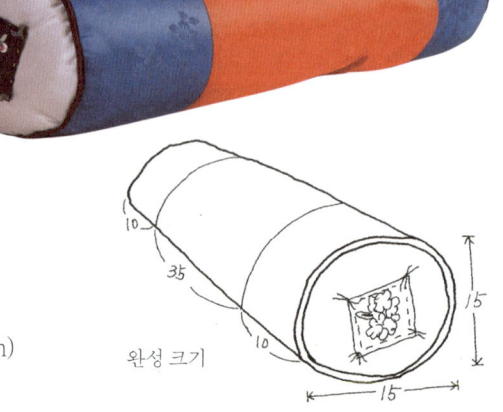

재료준비

베갯모 〈좌, 우〉모본단 은행색 : 1마

(재단 길이 18 × 폭 36cm)

베개 난지 〈좌, 우〉모본단 자주색 : 1마

(재단 길이 58 × 폭 26cm)

베개 몸통 모본단 쪽색 : 1마 (재단길이 58 × 폭 38cm)

베갯모 가장자리 처리 (바이어스 테이프)

모본단 자주색 : 1마 (재단 길이 56 × 폭 56cm)

파이핑 실 백색 약간 굵은것 120cm

지퍼 쪽색 35cm

장식 손수 사각 장식판 (5 × 5cm) 2개

베갯속 메밀껍질

베갯모 속 퀼팅솜 3온스 두께(18 × 18cm) 2쪽

* 베개는 따로 원단을 구입하지 않아도 작은 자투리 천만 있으면 만들 수 있다.
  모아둔 자투리 천을 이용할 것을 권한다.

* 파이핑 실은 원단 부자재 상가에서 구입한다.

* 퀼팅솜은 베갯모 뒤쪽에 합폭할 것으로 솜의 양을 반쯤 덜어내고 두께를 줄여 사용한다.

* 베갯속(메밀껍질 사용)은 동대문종합시장, 광장시장의 솜 집에 의뢰, 주문해 둔다.
  이때 속은 완성 크기보다 3 ~ 4cm 더 커야 한다.

* 손수 사각 장식판은 직접 만들어도 되고,
  구입해 사용해도 된다.(참고 : 손수 사각 장식판 만들기 63p)

재단하기

베갯모

〈좌, 우〉길이 18cm에서 폭 18cm를 2쪽 자른다.

*이때 베갯모의 좌, 우 안쪽에 퀼팅솜을 붙여서 도톰하게 모양을 잡아 준다.

완성 크기

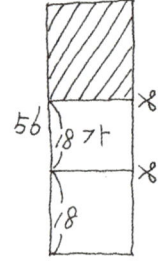

베갯모 〈가 좌, 우〉

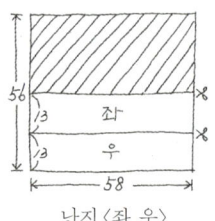

난지 〈좌, 우〉

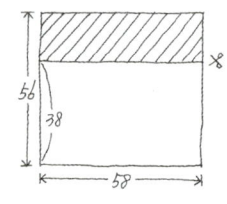

베개 몸통

난지

〈좌, 우〉 길이 58cm에서 폭 13cm씩 2쪽을 자른다.

베개 몸통

길이 58cm에서 폭38cm를 자른다.

바이어스 테이프

길이 56cm, 폭 56cm 정사각형 원단에서 사선으로

3cm씩 좌, 우로 2쪽을 자른다.(참고 : 바이어스 테이프 만들기 56p)

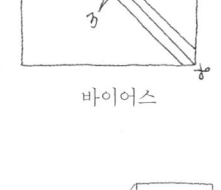

바이어스

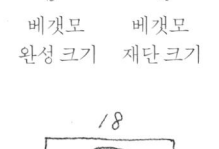

베갯모   베갯모
완성 크기   재단 크기

만들기

베갯모 만들기

〈좌, 우〉는 원단의 뒷면에 길이 18cm, 폭 18cm의 정사각형 중앙에서

사방 1.5cm의 시접을 남기고 컴퍼스로 원을 그어준다.

이때 원의 지름이 15cm가 된다

나머지 한쪽도 이와 같이 하고 네 귀퉁이는 잘라낸다.

이때 시접은 1.5cm 남긴다.

*만들어 놓은 양쪽 베갯모의 뒷면에 퀼팅솜을 얹어 합폭한다.(참고 : 퀼팅솜 붙이기 57p)

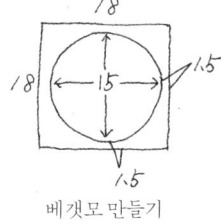

베갯모 만들기

장식 달기

준비한 손수 사각 장식판을 지름의 중앙에서 중심을 맞추어 단다.

파이핑 하기 잘라 놓은 바이어스 테이프 뒷면을 위로 오게 하고 그 위에 파이핑 실을 얹어 싸서

노루발을 바짝 대고 박는다.(참고 : 파이핑 하기 56p)

베갯모와 파이핑 실 합폭하기

원을 그려 놓은 베갯모에 만들어 놓은 파이핑 실을 대고 합폭한다.

난지, 베개 몸통 합폭하기

준비한 난지 〈좌, 우〉와 베개 몸통을 합폭한다.

먼저 난지 〈좌〉와 베개 몸통을 합폭 한 후, 여기에 난지 〈우〉와 합폭한다.

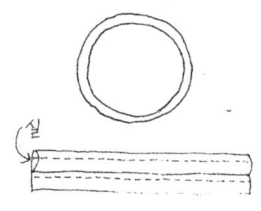

파이핑 만들기

베갯모와 베개 몸통 합폭하기

준비해 둔 베갯모의 앞면을 위로 오게 한다. 그 위에서 베개 몸통의 난지 〈좌〉를 대고 합폭한다.

반대편 배갯모와 난지 〈우〉도 이와 같이 한다.

지퍼 달기 (참고 : 지퍼 달기② 55p)

손수 사각 베개

크기 : 베갯모 21 × 베개 몸통 55 × 둘레 65cm

재료 준비

베갯모

양쪽〈좌, 우〉(4쪽) 모본단 은행색 : 1마 (재단 길이 10 × 폭 32cm)

양쪽〈중앙〉(2쪽) 모본단 검정색 : 1마 (재단 길이 10 × 폭 16cm)

베개 난지

〈좌, 우〉모본단 벽돌색 : 1마 (재단 길이 68 × 폭 18cm)

베개 몸통

목공단 백색 : 1마 (재단 길이 68 × 폭 96cm)

* 베개 몸통은 원래 길이 68 × 46cm인데 겹으로 하면 96cm이다.
  메밀껍질이 잘 부서지므로 두껍게 한다.

베갯잇 목공단 백색 : 1마 (재단 길이 63 × 폭 70cm, 둘레)

베갯모 속 퀼팅솜 3온스 두께(길이 24 × 폭 8cm씩 2쪽)

장식 손수 사각 장식판 (10 × 8cm) 2개

지퍼 백색 35cm

* 퀼팅솜은 베갯모 뒤쪽에 합폭할 것으로 솜의 양을 반쯤 덜어내고
  두께를 줄여 사용한다.

* 베갯속(메밀껍질 사용)은 동대문종합시장, 광장시장 솜 집에 의뢰,
  주문해 둔다. 이때 속은 완성 크기보다 3 ~ 4cm 더 커야 한다.

* 손수 사각 장식판은 직접 만들어도 되고,
  구입해 사용해도 된다.
  (참고 : 손수 사각 장식판 만들기 63p)

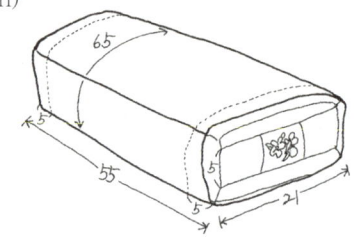

완성 크기

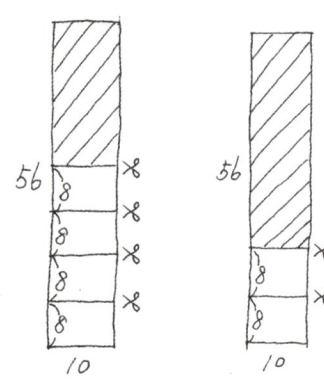

베갯모 양쪽〈좌, 우〉   베갯모〈중앙〉

재단하기

베갯모

양쪽〈좌, 우〉는 길이 10cm에서 폭을 8cm씩 4쪽을 자른다.

양쪽〈중앙〉은 길이 10cm에서 폭을 8cm씩 2쪽을 자른다.

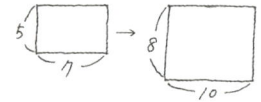

베갯모 양쪽〈좌, 우〉   베갯모 양쪽〈좌, 우〉
완성 크기   재단 크기

난지

⟨좌, 우⟩ 길이 68cm, 폭 8cm씩 2쪽을 자른다.

베개 몸통

길이 68cm 폭은 96cm로 자른다.

바느질할 때는 폭을 48cm로 접어 겹으로 사용한다.

베갯잇

길이 63cm(베개 몸통), 폭은 70cm(둘레)로 자른다.

시접을 2cm씩 겹으로 넉넉히 한다.

*베갯잇이 베갯모를 덮지 않도록 3cm 정도 작게 만든다.

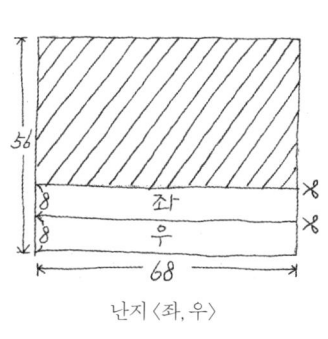

난지 ⟨좌, 우⟩

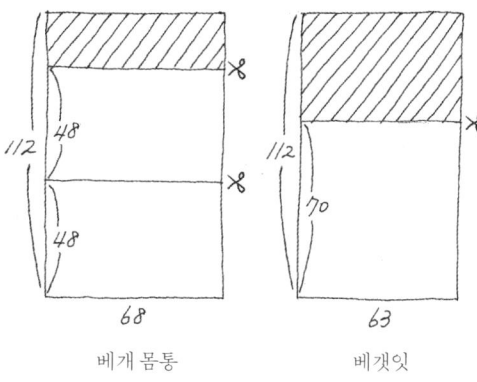

베개 몸통   베갯잇

삼각 장식 목베개

크기 : 베갯모 35×둘레 28cm

재료 준비

베갯모

〈가 좌, 우〉 모본단 벽돌색 : 1마

(재단 길이 8×폭 22cm)

〈나 좌, 우〉 모본단 은행색 : 1마

(재단 길이 8×폭 22cm

〈다 좌, 우〉 모본단 진회색 : 1마

(재단 길이 8×폭 22cm)

베개 몸통

모본단 자주색 : 1마 (재단 길이 31×폭 28cm)

지퍼 자주색 20cm

장식 술 작은 것 2개

*베갯속(메밀껍질 사용)은
  동대문종합시장, 광장시장 솜 집에 의뢰, 주문해 둔다.
  이때 속은 완성 크기보다 3~4cm 더 커야 한다.

*장식 술은 동대문종합시장, 광장시장의
  실, 레이스 상점에서 구입한다.

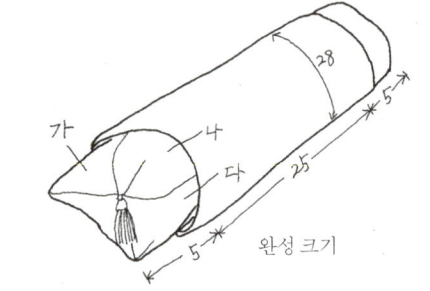

재단하기

베갯모

〈가 좌, 우〉, 〈나 좌, 우〉, 〈다 좌, 우〉는

길이 8cm에서 폭을 11cm로 2쪽씩 자른다.

베개 몸통

길이 28cm에서 폭을 31cm로 자른다.

*베갯잇 없이 장식으로 사용한다.
  소파 한쪽 끝이나 침대 위에 얹어 놓으면 좋은 장식이 된다.

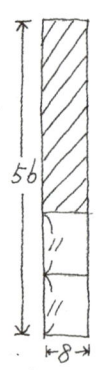

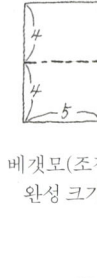

베갯모(조각)
완성 크기

베갯모(조각)
재단 크기

베갯모
〈가 좌, 우〉
〈나 좌, 우〉
〈다 좌, 우〉

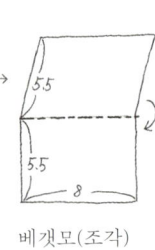
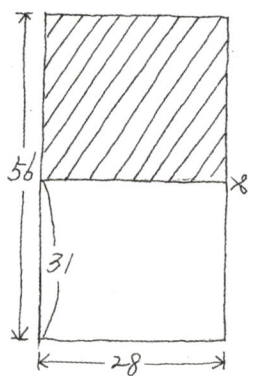

베개 몸통

보료

보료는 일상생활에서 낮에도 늘 깔아두고 생활하는 요이지만, 요즘의 집 꾸밈에도 썩 잘 어울린다. 보료 위에서 쉬기도 하고 낮잠도 잔다. 책도 읽고 차도 마시며 손님 접대에도 유용한 응접 용구가 되어 준다. 생활 공간에 안락함을 더하고 또한 손님 접대에 격식을 갖춘 멋스러움을 제공하니 제 몫을 다한다. 명절이나 생일날, 특별한 인사를 주고 받을 때는 보료 위에서의 인사 나눔이 기품 있다. 옛 가구와 어울려 꾸민 보료만으로도 훌륭한 한식 서재와 다실이 만들어진다. 정감 있는 금직 보료와 현대적인 미감으로 탄생한 수직 조각 보료는 오늘날 우리 공간에 실용성과 아름다움으로 색다른 여유를 선물한다.

금직 보료

크기 : 길이 210×폭 110cm

재료 준비

보료 몸판

〈가 1, 2〉 금직 황금색 : 4마

(재단 길이 346×폭 56cm)

보료 난지

〈상, 하, 좌, 우〉 금직 중회색 : 3.5마

(재단 길이 286×폭 56cm)

보료 뒤판

물공단 회색 : 2.5마

(재단 길이 213×폭 112cm)

장식 손수 사각 장식판(5×5cm)

지퍼 연회색 180cm, 지퍼 슬라이더

보료 속

목화솜 4~5장 두께(길이 213×폭 113cm)

*보료 속은
동대문종합시장, 광장시장의 솜 집에 의뢰, 주문한다.
보료 솜은 목화솜을 사용한다.
완성 크기보다 3~4cm 커야 하며,
솜의 두께는 원하는 대로 선택하면 된다.

*손수 사각 장식판은 직접 만들어도 되고,
마음에 드는 것을 따로 구입해도 된다.
(참고 : 손수 사각 장식판 63p)

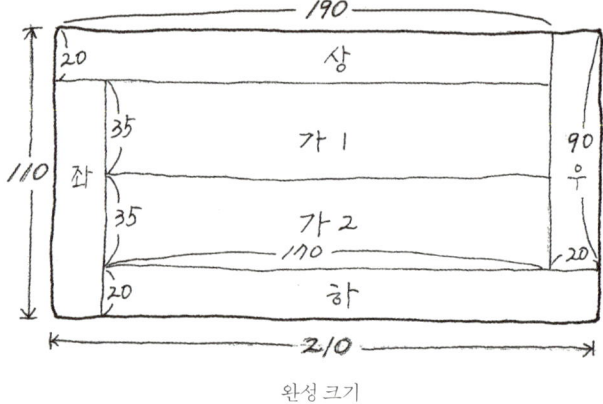

완성 크기

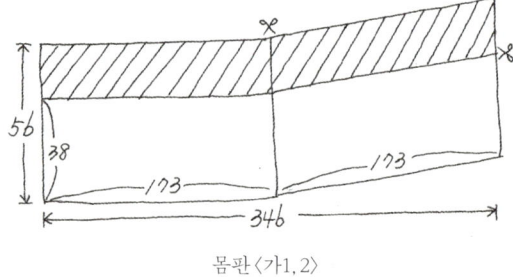

몸판 〈가1, 2〉

재단하기

몸판

〈가 1, 2〉는 길이 346cm를 반으로 접어 잘라 포갠 후 핀 꽂고 폭을 38cm씩 2번 자른다.

난지 〈상, 하〉는 길이 296cm에서 193cm를 잘라 반으로 접어 핀 꽂고
폭을 23cm씩 2번 자른다. 〈좌, 우〉는 나머지
원단 길이 93cm에서 폭을 23cm씩 2번 자른다.

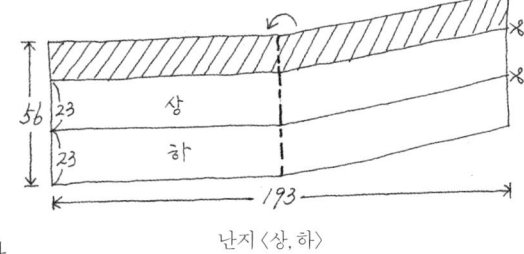

난지 〈상, 하〉

뒤판

길이 213cm는 그대로 사용하고,
폭도 112cm 그대로 사용한다.
양쪽 시접은 1.5cm씩 안 남기고 1cm만 남겨도 된다.
원단의 식서 부분이므로 풀리지 않는다.

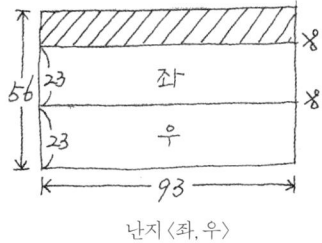

난지 〈좌, 우〉

만들기

몸판 합폭하기 〈가 1〉과 〈가 2〉를 합폭한다.

몸판과 난지 합폭하기(앞판) 합폭된 보료의 몸판과
난지 〈좌〉를 합폭하고, 이어서 난지 〈상〉을 합폭한다.
다시 난지 〈우〉를 합폭하고, 이어서 난지 〈하〉〉를 합폭한다.
난지 〈좌〉의 밑에 23cm가 남는다.
난지 〈하〉와 합폭하면 된다.

뒤판

장식 달기 장식은 보료 몸판 〈가 1〉의 중앙 상 쪽에 단다.
박음질해도 되고 상침뜨기도 괜찮다.

앞판과 뒤판 합폭하기

완성된 보료 앞판의 앞면과 보료 뒤판의 앞면을 맞댄다.
난지 〈상〉 좌측 끝에서부터 시계 방향으로 합폭한다.
이때 핀을 꽂거나 시침질해서 미리 고정 시킨 후 시작한다.
난지 〈상〉과 난지 〈우〉, 이어서 난지 〈하〉의 20cm 지점까지 합폭한다.
이 지점에서부터 지퍼를 달 곳 170cm를 남긴다.
170cm를 건너뛰고 다시 합폭을 시작해 난지 〈좌〉 끝까지 모두 합폭한다.

지퍼달기 난지 〈하〉170cm 남겨 둔 부분에 지퍼를 달아 준후,
열린 지퍼 사이로 보료 몸판을 빼낸다. (참고: 지퍼달기 ② 55p)

마무리 솔기를 다듬고 다림질한 다음 준비한 보료 속을 넣고 편편하게 펴준다.

＊보료 몸판과 난지가 만나는 네 귀퉁이를 굵은 실로 뜬 후 고정시킨다.

수직 조각 보료

크기 : 길이 210×폭 110cm

재료준비

보료 몸판

〈가 1, 2〉 수직 황금색 : 1.5마
(재단 길이 93×폭 56cm)

〈나〉 수직 진쑥색 : 1마
(재단 길이 33×폭 43cm)

〈다〉 수직 보라색 : 1마
(재단 길이 63×폭 13cm)

〈라 1, 2〉 수직 은회색 : 1마
(재단 길이 73×폭 66cm)

보료 몸판(작은 조각)

수직 쪽색
재단 길이 24×폭 8cm

수직 베이지색
재단 길이 22×폭 8cm

수직 밤색
재단 길이 8×폭 15cm

수직 진쑥색
재단 길이 19×폭 8cm

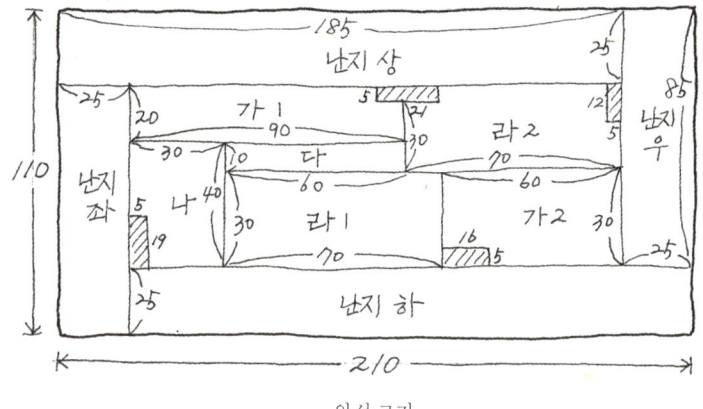

완성 크기

난지 〈상, 하, 좌, 우〉 수직 보라색 : 2.5마 (재단 길이 188×폭 150cm)

뒤판 물공단 자주색 : 2.5마 (재단 길이 213×폭 112cm)

몸판 안감 폰지 백색 : 2.5마 (재단 길이 213×폭 112cm)

지퍼 자주색 180cm, 지퍼 슬라이더

보료 속 목화솜 4~5장 두께(길이 213×폭 112cm)

* 수직은 1폭 넓이가 150cm이다.

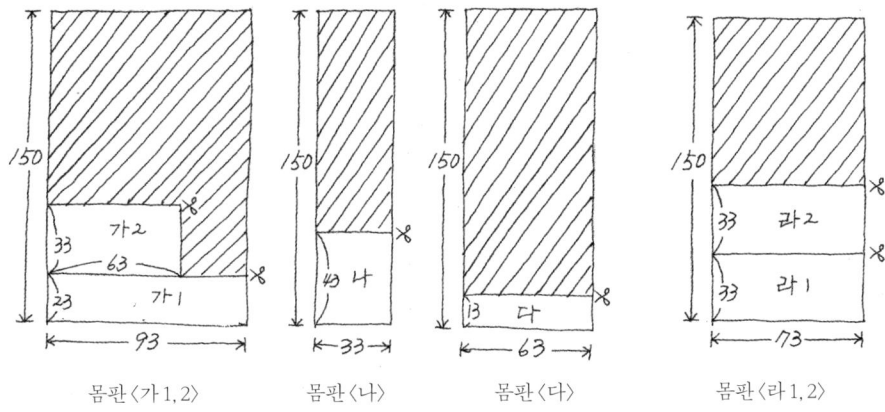

몸판〈가 1, 2〉　　　　몸판〈나〉　　　　몸판〈다〉　　　　몸판〈라 1, 2〉

재단하기

몸판

〈가1〉는 길이 93cm에서 폭을 23cm로 자른다.

〈가2〉는 남은 원단에서

길이 63cm를 자르고 폭은 33cm로 자른다.

〈나〉는 길이는 33cm, 폭 43cm로 자른다.

〈다〉는 길이 63cm, 폭 13cm로 자른다.

〈라1, 2〉는 길이 73cm에서 폭을 33cm로 2번 자른다.

몸판(작은 조각) 재료 준비 그대로 사용한다

난지〈상, 하〉는 길이 188cm를 반으로 접어

핀 꽂고 폭을 28cm씩 2번 자른다.

〈좌, 우〉는 남는 원단에서

길이 56cm, 폭을 88cm로 자르고

다시 길이를 28cm씩 2번 자른다.

뒤판, 몸판 안감

길이 213cm와 폭 112cm 그대로 사용한다.

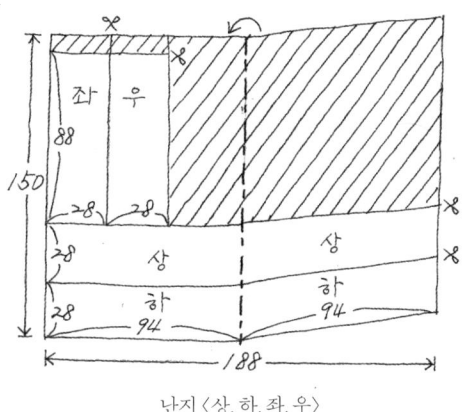

난지〈상, 하, 좌, 우〉

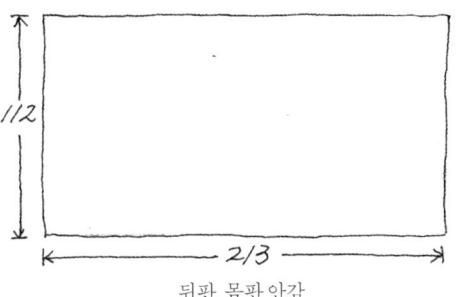

뒤판, 몸판 안감

방석

오랜 좌식 생활의 필수품, 방석. 소재에 따라 훈훈한 온기와 시원한 청량감까지 더해 계절마다 그 쓰임 또한 각별하다. 손님 접대용으로도 훌륭하지만 평상시 방석 하나만으로도 오래도록 편히 앉아 쉴 수 있다. 또한 집치장에 한몫해 집안 한쪽에 놓여 은은한 멋을 발한다. 물빨래할 수 있는 실용적인 소재로 만들어도 좋고, 조각보처럼 특별하게 디자인한 화려한 비단 방석으로 손님 맞이에 정성을 다하는 것도 아름다운 사치다. 여름철에는 시원한 삼베 조각으로 옷을 바꿔 입어 계절의 미감을 더한다.

잔조각 방석

크기 : 길이 70 × 폭 70cm

재료준비

방석 몸판(조각)

〈가〉 모본단 벽돌색 : 1마 (재단 길이 30 × 폭 56cm)

〈나〉 모본단 초록색 : 1마 (재단 길이 30 × 폭 56cm)

〈다〉 모본단 검정색 : 1마 (재단 길이 30 × 폭 56cm)

방석 난지

〈상, 하, 좌, 우〉 모본단 황금색 : 1마

(재단 길이 62 × 56cm)

방석 뒤판

물공단 황금색 : 1마

(재단 길이 73 × 폭 73cm)

몸판 안감 폰지 백색 : 1마

(재단 길이 73 × 폭 73cm)

지퍼 황금색 50cm, 지퍼 슬라이더

방석 속 목화솜 4장(길이 73 × 폭 73cm)

*방석 속은 동대문종합시장, 광장시장의 솜 집에 의뢰, 주문한다.
 방석 솜은 목화 솜을 사용한다.
 완성 크기보다 3~4cm 커야 하며,
 솜의 두께는 원하는 대로 선택하면 된다.

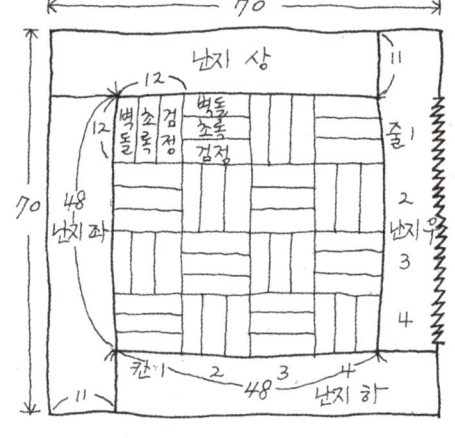

완성 크기

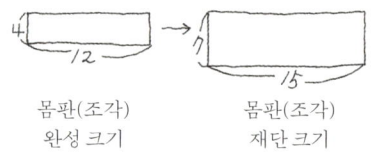

몸판(조각)	몸판(조각)
완성 크기	재단 크기

재단하기

몸판(조각)

몸판 조각은 색은 달라도 재단 방법은 모두 같다.

〈가〉는 길이 30cm에서 폭을 7cm씩 8번 자르고, 길이를 15cm로 자르면 총 16쪽이 된다.

〈나〉와〈다〉도 똑같이 재단하면 각각 16쪽이 된다.

난지〈상, 하, 좌, 우〉는 길이 62cm, 폭 14cm씩 4쪽 자른다.

뒤판 길이 73cm 그대로 사용하고, 폭을 73cm로 자른다.

몸판 안감 뒤판과 같이 한다.

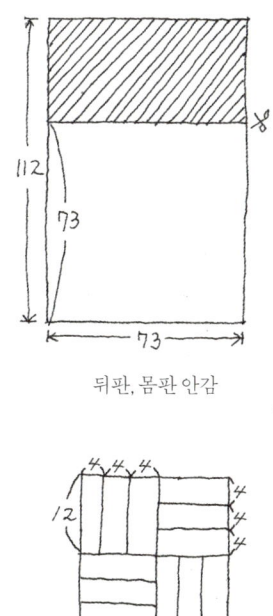

뒤판, 몸판 안감

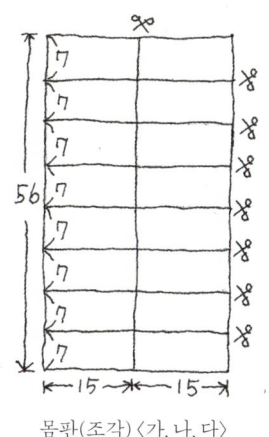

몸판(조각)〈가, 나, 다〉

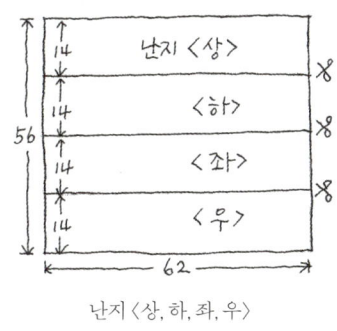

난지〈상, 하, 좌, 우〉

완성된 합폭

만들기

몸판(조각) 합폭하기 몸판 조각〈가〉,〈나〉,〈다〉를 차례대로 길이로 합폭한다.

〈가〉,〈나〉,〈다〉3쪽씩 모두 16번을 똑같은 방법으로 합폭한다.

오른쪽 위 완성된 합폭 그림과 같이 3쪽을 한 번은 세로로 한 번은 가로로 합폭한다.

예를 들어〈줄1, 칸1〉은 세로로,〈줄1, 칸2〉는 가로로, 이와 같이〈줄1, 칸4〉까지 합폭한다.

〈줄1〉4쪽의 합폭이 완성된다.

이어서〈줄2, 칸1〉은 가로로,〈줄2, 칸2〉는 세로로, 이와 같이〈줄4, 칸1〉,〈줄4, 칸4〉까지

모두 합폭한다. 합폭한〈줄1, 칸4〉,〈줄2, 칸4〉,〈줄3, 칸4〉,〈줄4, 칸4〉까지

큰 조각 4개를 모두 합폭하면, 몸판이 다 완성된다.

난지 합폭하기

합폭이 완성된 몸판과 난지 〈좌〉를 합폭한다.

이어서 난지 〈상〉, 난지 〈우〉, 난지 〈하〉를 차례대로 합폭한다.

완성된 앞판은 길이 73cm, 폭 73cm가 되어야 한다.

몸판과 뒤판 합폭하기

방석 뒤판의 앞면을 위로 오게 하고 방석 몸판의 앞면을 그 위에 맞댄다.

이때 몸판의 뒷면 위에 준비한 안감을 얹어 핀이나 시침질로 고정을 시키고 합폭한다.

합폭은 난지 〈상〉에서 시계 방향으로 한 바퀴 돌아 가면서 난지 〈좌〉의 끝 35cm 전까지 박아준다.

지퍼 달기

뒤판의 우측에 지퍼를 단다. (참고 : 지퍼 달기 ② 55p)

뒤집기

열린 지퍼로 몸판과 안감을 함께 뒤집어 빼낸 후 솔기와 모양을 다듬고 다림질한다.

속 넣기

준비한 방석 속을 넣은 후 탁탁 두드려 자리를 잡아준다.

* 방석 몸판과 난지가 만나는 4곳을 굵은 실로 뜬 후 고정시킨다.

아홉 조각 방석

크기 : 길이 60 × 폭 60cm

재료준비

방석 몸판

〈가〉 모본단 진회색 : 1마 (재단 길이 46 × 폭 46cm)

〈나〉 모본단 은회색 : 1마 (재단 길이 46 × 폭 46cm)

〈다〉 모본단 자주색 : 1마 (재단 길이 23 × 폭 23cm)

방석 뒤판

물공단 회색 : 1마 (재단 길이 63 × 폭 63cm)

지퍼 회색 40cm

방석 속 목화솜 4장(길이 63 × 폭 63cm)

재단하기

몸판

〈가〉는 길이 23cm, 폭 23cm씩 4조각을 자른다.

〈나〉도 이와 같이 한다.

〈다〉는 그대로 사용하면 1조각이 된다.

뒤판 길이 63cm, 폭 63cm 그대로 사용하면 된다.

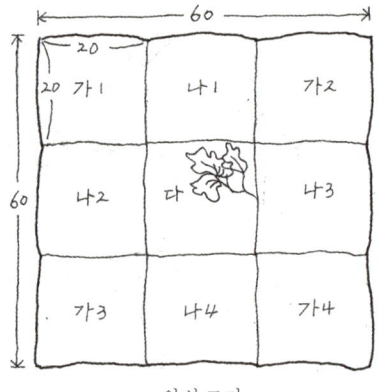

완성 크기

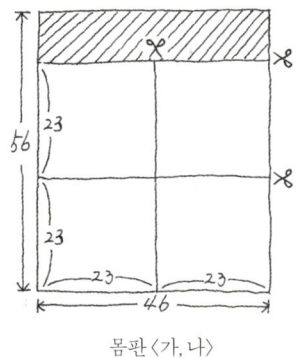

몸판〈가, 나〉

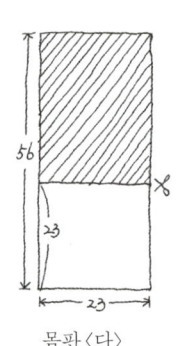

몸판〈다〉

뒤판

손수당의 장식 방석

크기 : 길이 60 × 폭 60cm

재료 준비

방석 몸판 〈가〉 모본단 은행색 : 1마

(재단 길이 28 × 폭 28cm)

방석 난지 〈상, 하, 좌, 우〉 모본단 자주색 : 1마

(재단 길이 90 × 폭 42cm)

뒤판 물공단 자주색 : 1 마

(재단 길이 63 × 폭 63cm)

장식 손수당의 장식판

지퍼 자주색 40cm

방석 속 목화솜 4장 (길이 63 × 폭 63cm)

* 손수당의 장식판은 직접 만들어도 되고,
마음에 드는 것을 따로 구입해도 된다.
(참고 : 손수당의 장식판 만들기 62p)

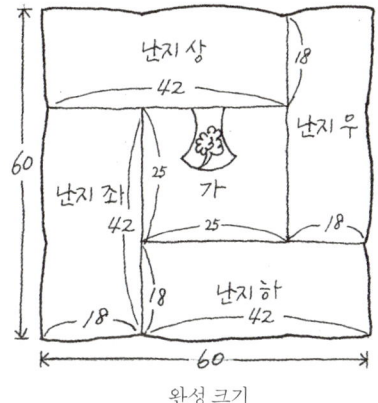

완성 크기

재단하기

몸판 〈가〉 길이 28cm, 폭 28cm 그대로 사용한다.

난지 〈상, 하, 좌, 우〉는 길이 90cm를 반으로 잘라 포갠 후
핀을 꽂고 폭에서 21cm씩 2번 자르면 앞, 뒤로 4쪽이 나온다.

뒤판 길이 63cm, 폭 63cm 그대로 사용한다.

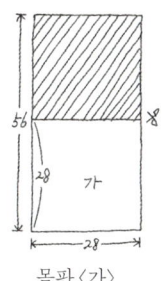

몸판 〈가〉

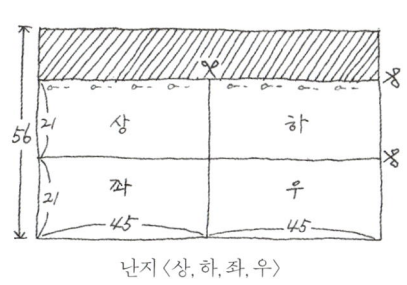

난지 〈상, 하, 좌, 우〉

뒤판

수직 조각 방석

크기 : 길이 64 × 폭 64 cm

재료 준비

방석 몸판

〈가〉 수직 진쑥색 : 1마 (재단 길이 43 × 폭 15 cm)

〈나〉 수직 황금색 : 1마 (재단 길이 18 × 폭 31 cm)

〈다〉 수직 보라색 : 1마 (재단 길이 55 × 폭 79 cm)

*난지〈상, 하, 좌, 우〉포함.

〈라〉 수직 진베이지색 : 1마 (재단 길이 18 × 폭 19 cm)

〈마〉 수직 회색 : 1마 (재단 28 × 폭 15 cm)

*수직은 1폭이 150 cm이다.

방석 몸판(작은 조각)

수직 자주색 : 길이 7 × 폭 15 cm

수직 쪽색 : 길이 7 × 폭 15 cm

수직 밤색 : 길이 7 × 폭 15 cm

난지 〈상, 하, 좌, 우〉는 방석 몸판〈다〉에 포함.

뒤판 물공단 자주색 : 1마

(재단 길이 67 × 폭 67 cm)

몸판 안감 폰지 백색 : 1마

(재단 길이 67 × 폭 67 cm)

지퍼 자주색 50 cm

방석 속 목화솜 4장(길이 67 × 폭 67 cm)

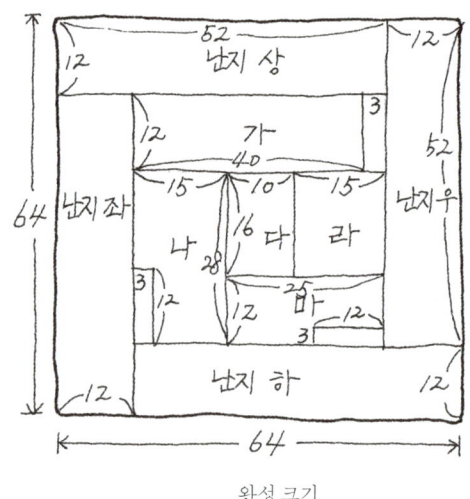

완성 크기

재단하기

몸판

〈가〉 길이 43 cm를 자르고, 폭은 15 cm로 자른다

〈나〉 길이 18 cm를 자르고, 폭은 31 cm로 자른다.

〈다〉길이 13cm를 자르고, 폭은 19cm로 자른다. *난지〈상,하,좌,우〉의 재단 후에 남은 원단을 이용한다.

〈라〉길이 18cm를 자르고, 폭은 19cm로 자른다.

〈마〉길이 28cm를 자르고, 폭은 15cm로 자른다.

몸판(작은 조각) 재료 준비 그대로 사용한다.

난지 *난지〈상, 하, 좌, 우〉, 몸판〈다〉를 함께 재단한다.

길이 55cm에서 폭을 15cm씩 4번을 자르면 폭 60cm가 사용된다.

나머지 폭 90cm에서 몸판〈다〉의 길이 13cm를 자르고 폭을 19cm 자른다.

난지〈상, 하, 좌, 우〉와 몸판〈다〉를 모두 재단해도 원단 여유가 있다.

뒤판 길이 67cm, 폭 67cm로 자른다.

안감 뒤판과 같이 재단한다.

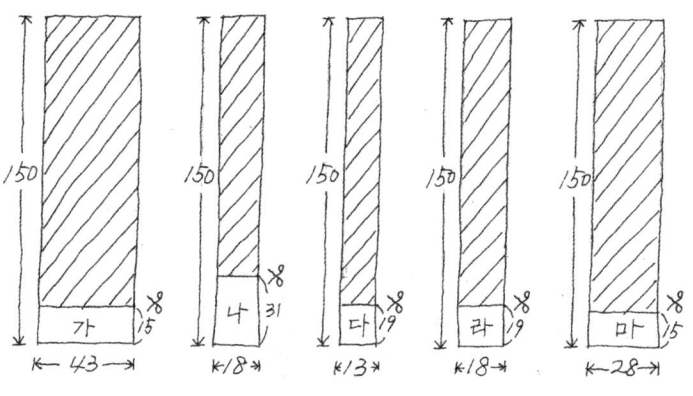

몸판〈가~마〉

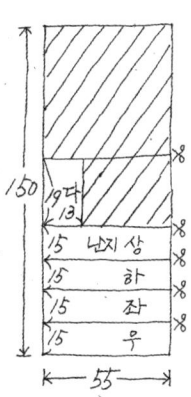

몸판〈다〉
난지〈상, 하, 좌, 우〉,

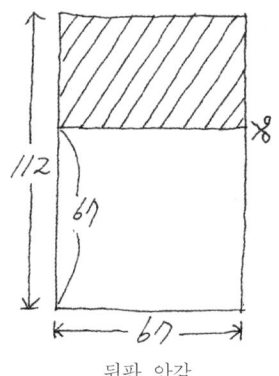

뒤판, 안감

219

성낙윤은

1938년 서울에서 태어났다.

중앙대학교 교육학과를 졸업하고 신광여고, 성동여자실업고등학교 등에서 교사로 근무했다.

1975년 인간문화재 최은순 선생에게서 매듭을, 1976년 인간문화재 김점순 선생에게서 길쌈을 사사했다.

이후 도쿄세이쥬공예대학원 초등과, 숙명여자대학대학원 의류직물학과를 졸업하고 신구대 의상과 강사 등을 지냈다.

1980년 롯데화랑에서 첫 매듭전 이후 미국 로스앤젤레스 한국문화원, 하와이대학 한국관을 비롯해

지난 2008년 예나르 전시에 이르기까지 다수의 매듭전을 열며 국내외의 호평을 받아 왔다.

더불어 '성낙윤 매듭 연구실'을 열어 우리 매듭의 보급과 전수에도 애써왔다.

1985년부터 '성낙윤이 만든 혼수'를 운영하며 전통 이부자리를 비롯해 생활용품과 패션 소품, 각종 혼례 용품들을

새롭게 해석해 제작해 왔다. 1999년부터는 '소유'로 이름을 바꿔 운영하고 있다.

1996년 유경 화랑에서 열린 '성낙윤이 만든 혼수' 전시는 우리 나라에서 처음 열린 혼수 전시회로 기록된다.

특히, 우리 혼수 용품이 가진 본래의 가치와 아름다움을 재해석해

화려하고 품격 있는 예술로 승화시켜 펼쳐 보인 특별한 전시로 기억되고 있다.

전통을 현대화한 새로운 형태의 이동식 이불 무릎덮개, 전통 소재에 현대적 미감을 더한 쿠션과 방석,

가벼운 소재와 과감한 배색으로 재탄생한 아름다운 한식 이불, 단추 홑청을 달아 관리의 편리를 꾀한 아기 요와 이불 등은

오래도록 사랑 받고 있는 성낙윤의 베스트셀러 작품이다.

그가 만든 우리 이부자리와 생활 소품들은 계절과 쓰임에 따른 적절한 소재의 사용,

전통을 바탕으로 한 뛰어난 배색과 감각적인 디자인, 한 땀 한 땀 수공 예술의 진수를 보여 주는 꼼꼼한 솜씨와

섬세한 장식으로 화제의 중심에 서며 우리 생활의 품격을 높여 왔다.

성낙윤의 작품들이 우리 시대 모던보다 모던하고 클래식보다 클래식한 아름다움으로

지속적인 관심과 사랑을 받고 있는 이유다.

성낙윤이 만든 우리 이불 우리 소품

작품·글 성낙윤 | 사진 이동춘

1판 1쇄	2014년 4월 30일
1판 2쇄	2015년 5월 30일

펴낸이	이영혜
펴낸곳	디자인하우스
	서울시 중구 동호로 310 태광빌딩
	우편번호 100-855 중앙우체국 사서함 2532
대표전화	(02) 2275-6151
영업부직통	(02) 2263-6900
팩시밀리	(02) 2275-7884, 7885
홈페이지	www.designhouse.co.kr
등록	1977년 8월 19일, 제2-208호

편집장	김은주
편집팀	박은경, 이소영
디자인팀	김희정
마케팅팀	도경의
영업부	오혜란, 고은영
제작부	이성훈, 민나영, 이난영

출력·인쇄	중앙문화인쇄
협찬	부라더미싱(02-3443-7546 www.brother.co.kr)

©copyright 2014 by Sung Nakyoon & Lee Dongchun

ISBN 978-89-7041-623-6

가격 23,000원